PÁVEL IVÁN GUTIÉRREZ

77 Secretos para la PROSPERIDAD y la ABUNDANCIA

SELECTOR ®
actualidad editorial

SELECTOR®
actualidad editorial

Doctor Erazo 120 Colonia Doctores México 06720, D.F.
Tel. (52 55) 51 34 05 70 Fax. (52 55) 57 61 57 16
LADA SIN COSTO: 01 800 821 72 80

Título: 77 SECRETOS PARA LA PROSPERIDAD Y LA ABUNDANCIA
Autor: Pável Iván Gutiérrez Vega
Colección: Maestros del Secreto

Diseño de portada: Socorro Ramírez Gutiérrez
Crédito de fotografía: Istockphoto

D.R. © Selector, S.A. de C.V., 2010
    Doctor Erazo 120, Col. Doctores
    C.P. 06720, México, D.F.

ISBN: 978-607-453-062-9

Primera edición: mayo 2010

Sistema de clasificación Melvil Dewey

131
G229
2010

Gutiérrez Vega, Pável Iván
77 Secretos para la prosperidad y la abundancia / Pável Iván
Gutiérrez Vega;
Cd. de México, México: Selector, 2010.

248 pp.

ISBN: 978-607-453-062-9

1. Superación personal. 2. Éxito. 3. Conocimiento de sí mismo.

LA CRISIS SEGÚN EINSTEIN...

Sería una locura pretender que las cosas cambien si seguimos haciendo lo mismo. La crisis es la mejor bendición que puede sucederle a personas y países porque la crisis trae progresos. La creatividad nace de la angustia como el día nace de la noche oscura. Es en la crisis que nace la inventiva, los descubrimientos y las grandes estrategias. Quien supera la crisis se supera a sí mismo sin quedar "superado".

Quien atribuye a la crisis sus fracasos y penurias, violenta su propio talento y respeta más a los problemas que a las soluciones. La verdadera crisis es la crisis de la incompetencia. El inconveniente de las personas y los países es la pereza para encontrar las salidas y soluciones. Sin crisis no hay desafíos, sin desafíos la vida es una rutina, una lenta agonía. Sin crisis no hay méritos.

Es en la crisis donde aflora lo mejor de cada uno de nosotros, porque sin crisis todo viento es caricia. Hablar de crisis es promoverla, y callar en la crisis es exaltar el conformismo. En vez de esto, trabajemos de forma más inteligente. Acabemos de una vez con la única crisis amenazadora que es la tragedia de no querer luchar por superarla.

Albert Einstein (1879-1955)
Una de las personas más brillantes de todos los tiempos

ACERCA DEL LIBRO

Comparto contigo un libro que fue elaborado con la finalidad de ayudarte a llenar tu vida de prosperidad y abundancia, de una manera práctica y sencilla, el cual consta de una gran cantidad de pensamientos, reflexiones, ideas, consejos y acciones sugeridas que te ayudarán a lograr el éxito en tu vida, aquel éxito que realmente vale la pena conseguir, el que está de acuerdo con tus preferencias y tus capacidades. Si lees a menudo, meditas y te arriesgas a probar los mensajes aquí incluidos, seguramente estarás cada día más cerca de conseguir lo mejor para tu vida personal y profesional, transformándote en una persona más productiva y altamente efectiva.

77 Secretos para la prosperidad y la abundancia, es un despertador para todas aquellas personas que desean mejorar y desarrollar su potencial, su talento, su liderazgo y su calidad de vida, en este momento histórico que estamos viviendo, lo cual podrán lograr mediante la aplicación de las técnicas y los conceptos para el desarrollo de competencias y habilidades personales incluidos en este libro.

¿Deseas que tu vida y tu trabajo mejoren sustancialmente? ¿Tener más tiempo, mejor desempeño en todo lo que emprendas, más experiencias gratificantes, mayor seguridad económica y mayor excelencia y realización personal?

77 Secretos para la prosperidad y la abundancia te ofrece la gran posibilidad de:

— Salir de la crisis mental, mediante la asimilación y la práctica continua de los temas incluidos en la primera parte del libro, los cuales están enfocados a generar una adecuada sensibilización que te motive a cambiar tu actitud para hacer que las cosas sucedan y así logres transformarte en una persona altamente efectiva.

— Salir de la crisis personal e interpersonal, mejorando tu autoestima, manteniendo elevado tu entusiasmo, aprendiendo de cada tropiezo, construyendo relaciones sólidas y enriquecedoras, ayudando a los demás y comunicándote con eficacia para expresar lo que realmente deseas lograr en la vida.

— Salir de la crisis laboral, mejorando la administración de tu tiempo, haciendo el trabajo en forma más inteligente, descubriendo y desarrollando tu talento especial, dominando el arte de delegar de manera efectiva y desempeñando un trabajo que realmente ames.

— Salir de la crisis económica, teniendo mayores ingresos y gastando menos, para lograr la abundancia, la prosperidad y la seguridad económica que deseas para ti y la gente que te rodea.

— Salir de la crisis existencial, eliminando de tu vida los pequeños obstáculos que te distraen, frenan tu crecimiento y disminuyen tu energía, lo cual te permitirá atraer todo lo que deseas de una forma placentera, práctica y sencilla.

Una vez que descubras la fuerza y la eficacia de todos los mensajes incluidos en este libro, el éxito nunca te resultará inalcanzable, tu vida se llenará de prosperidad y abundancia, y lo mejor de todo: lograrás salir de la crisis. A continuación conocerás todos los secretos que te conducirán hacia una mejor calidad de vida, siempre que te esfuerces por asimilarlos y practicarlos día con día, hasta transformarlos en tus hábitos de vida.

CONSTRUYE TU PROPIA VIDA

TU VIDA SERÁ COMO LO DECIDAS

Existen tres tipos de personas:

— **Las fatalistas.** Aquellas que creen que existe un destino escrito para cada ser humano, que todo lo bueno y lo malo sucede por pura fatalidad, y que nada puede cambiar por sí mismo. Son las personas resignadas, las que se dejan llevar por "el destino", las que siempre están "a la espera de que ocurra algo que mejore su suerte"... Lo cual, lógicamente, nunca ocurrirá porque nunca se preocuparán de hacer que suceda.

— **Las asustadas.** Aquellas que saben que podrían actuar para mejorar su vida, pero que no lo hacen por miedo a fracasar, por miedo a la burla de los demás. Son personas frustradas, que incuban una profunda amargura en su alma conforme pasa el tiempo y descubren que, pudiendo haber llegado lejos, permanecen atascadas en su lugar de partida.

— **Las libres.** Aquellas que ejercen la libertad de elegir los objetivos de su vida y la libertad de esforzarse para asumir riesgos, trabajar con tenacidad, inteligencia y paciencia, y sobreponerse a los fracasos, las burlas y las envidias. Son las personas que hacen que las cosas sucedan.

No existe ningún destino trazado para nadie. Hemos sido creados libres para elegir y tomar nuestro propio rumbo, pero para ser libre hay que ser consciente de tal posibilidad y tener el valor necesario para ejercerla. Es importante que escojas los objetivos de tu vida, pero tal elección carecerá de valor si no va guiada de un esfuerzo tenaz, inteligente y paciente para llevarla a cabo. La clave para elegir y construir una vida mejor está, por lo tanto, en conocer, adquirir y practicar buenos hábitos, aquellos que ya han puesto en práctica las personas que han salido exitosamente de la crisis. Pronto conocerás todos los secretos que te ayudarán a mejorar tu calidad de vida en una forma práctica y sencilla.

TIENES TODO LO QUE SE NECESITA PARA TRIUNFAR

Esas personas a las que admiras, esos grandes triunfadores en sus vidas, ¿qué tenían, cuando empezaron, que tú no tengas? La mayoría de ellos tenían pocos medios, una inteligencia normal, gran capacidad de esfuerzo, resistencia al fracaso y una enorme motivación. ¿Son recursos muy alejados de tus posibilidades? Por supuesto que no.

Debemos darnos cuenta que nadie nos limita tanto como nosotros mismos cuando nos ponemos barreras mentales que nos impiden percibir nuestras verdaderas posibilidades. No eres un perdedor. No eres un fracasado. Tienes todo lo que se necesita para triunfar, tienes ventajas que nadie más posee, tienes miles de oportunidades a tu alcance y, con la ayuda de los hábitos correctos que aprenderás pronto, llegarás hasta donde desees con convicción.

TIENES VENTAJAS QUE NADIE MÁS POSEE

Eres único. Nadie más tiene tu personalidad, tu conjunto de habilidades para pensar y actuar, ni tus circunstancias. Esto significa que cuentas con ventajas, cualidades y fortalezas que nadie más posee.

Pronto aprenderás a pensar positivo, a concentrarte sólo en tus ventajas, en las características que hacen de ti un ser único y diferente, y a sacarles el máximo provecho.

TU VIDA TAMBIÉN ESTÁ LLENA
DE OPORTUNIDADES

El mayor enemigo de la oportunidad es tu miedo, ese "exceso de prudencia" que te mantiene asustado en el oscuro agujero de la mediocridad. Temeroso de que cualquier cosa que emprendas pueda fracasar. Y así va pasando la vida, contigo cada vez más hundido en tu propio miedo y cada vez más frustrado por no haber desarrollado tus talentos cuando surgieron las oportunidades para hacerlo.

Debes comprender que la oportunidad nunca va a encontrarte, sino que tú debes encontrarla a ella. ¿Dónde? En las carencias, en las necesidades, en las crisis. Las personas tienen la respuesta, pero hay que ser capaces de dar con ella. Para identificar las oportunidades deberás relacionarte, escuchar e informarte. Pronto aprenderás cómo hacerlo eficazmente. Debes comprender que la oportunidad rara vez se presentará con claridad o de una manera sencilla, sino que la encontrarás a base de pulir con trabajo inteligente todas las ocasiones que se vayan presentando a lo largo de tu existencia. Acostúmbrate a aprovechar al máximo todas las pequeñas ocasiones y descubrirás que éstas son con frecuencia el origen de las grandes oportunidades.

Uno construye
sus propias crisis

Un hombre vivía en la orilla de un camino y vendía hamburguesas. No tenía radio ni televisión ni leía los periódicos, pero hacía y vendía deliciosas hamburguesas.

Se preocupaba por la divulgación de su negocio y colocaba carteles de propaganda por el camino, ofrecía su producto en voz alta y la gente del pueblo le compraba.

Las ventas fueron aumentando cada vez más, compraba la mejor carne y los mejores condimentos. Llegó un momento en que fue necesario adquirir un carrito más grande y mejor equipado para atender a la creciente clientela. El negocio prosperaba.

Sus hamburguesas eran las mejores de la región.

Venciendo su situación económica inicial, pudo pagar una buena educación para su hijo, quien fue creciendo y tuvo la oportunidad de estudiar Economía en la mejor universidad del país. Finalmente, su hijo ya graduado con honores, volvió a casa y notó que su padre continuaba con la misma vida de siempre y entabló una seria conversación con él: "¿Papá, no escuchas la radio? ¿No ves la televisión? ¿No lees los periódicos?

¡Hay una gran crisis en el mundo!¡Y la situación de nuestro país es crítica!¡Todo está mal y el país va a quebrar!"

Después de escuchar las consideraciones de su hijo, el padre pensó: "Bien, si mi hijo es economista, lee periódicos y ve televisión, entonces sólo puede tener la razón." Y con miedo de la crisis, el viejo buscó la carne más barata (de menos calidad) y comenzó a comprar los condimentos más baratos (los peores) y para economizar dejó de hacer sus vistosos carteles de propaganda.

Abatido por la noticia de la crisis, ya no ofrecía su producto en voz alta, ni atendía con entusiasmo a sus clientes.

Tomadas todas esas precauciones, las ventas comenzaron a caer, y fueron cayendo y cayendo, hasta llegar a niveles insoportables. El negocio de la venta de hamburguesas de aquel hombre que antes generó recursos para que su hijo estudiara Economía, finalmente quebró.

Entonces el padre, muy triste, le dijo a su primogénito: "Hijo mío, tenías razón, estamos en medio de una gran crisis." Y le comentó orgullosamente a sus amigos: "Bendita la hora en que envié a mi hijo a estudiar Economía, él me avisó de la recesión."

REFLEXIÓN

Nuestros actos diarios son los que deciden nuestras situaciones. Las acciones y decisiones que tomaste, con el paso del tiempo, son las que han hecho que hoy estés en tu condición actual.

Las decisiones y acciones que tomes de hoy en adelante son las que decidirán tu futuro. Trabaja cada día un poco mejor, un poco más profesionalmente y con un poco más de ilusión. Medita acerca de tus errores para aprender de ellos y felicítate por tus éxitos. No importa cómo estén las circunstancias, siempre hay una salida; de hecho, siempre hay un número infinito de posibilidades y gran parte de ellas son correctas, sólo es necesario llegar a identificar la más idónea y tomarla cada vez. Tus resultados personales son la consecuencia directa de la calidad y la cantidad de tu trabajo. Mejora cada día un poco más la calidad de tu trabajo y verás como tu vida mejorará de manera extraordinaria.

Pensamientos para comenzar a salir de la crisis

✓ La vida no nos dará sino aquello que le pedimos. Si nada le pedimos, nada nos dará.

✓ Los triunfadores lo son porque han aprendido a pensar y actuar correctamente. Si no tienes la preparación y los conocimientos adecuados, desaprovecharás las oportunidades que se te presenten en la vida.

✓ No hay un sólo factor responsable del éxito, sino que éste depende de una serie de causas, relacionadas con nosotros mismos, con nuestro trato con los demás, con nuestra actividad y nuestra actitud frente a la vida.

✓ El primero que debe convencerse de que merezco más, soy yo mismo. Si yo no estoy convencido, nunca podré convencer a los demás.

✓ Todo movimiento implica un origen y un destino. Si no tengo claro cuál es mi destino, nunca podré moverme de donde estoy. Bienaventurados sean los que saben hacia dónde van porque son los únicos que sabrán cuando han llegado.

✓ Nada se consigue sin trabajo. En la única parte que puedes encontrar el éxito antes que el trabajo es en el diccionario. Tiempo y esfuerzo es lo que todos, hasta los genios, necesitan para sobresalir.

✓ Mientras te limites a soñar sin hacer nada, solamente eso tendrás: sueños. Atrévete a comenzar y verás como tus sueños se convierten en realidad. A medida que vayas consiguiendo lo que quieres, te resultará cada vez más fácil. Lo importante es decidirnos y atrevernos a iniciar.

✓ Debes estar preparado para aceptar los fracasos. Un fracaso no es la derrota y de cada fracaso se puede sacar una gran enseñanza.

✓ Da el primer paso para acercarte a ayudar a los demás. Muy pronto comprobarás que mucho de lo que des, te será devuelto sin necesidad de que lo pidas.

✓ Fíjate de qué tipo de personas te rodeas; ellas son parte de tu entorno y el entorno es sumamente gravitante en tu desarrollo. Debes tratar de alternar con personas que tengan tus mismas aspiraciones. Si convives con personas negativas, te será difícil mejorar tu autoestima.

✓ El conocimiento de ti mismo es fundamental para saber cuáles son tus características positivas y negativas. Debes tener en cuenta las segundas y tratar de aprovechar las primeras. Haz efectivas tus fortalezas e irrelevantes tus debilidades.

✓ Tus prejuicios y tus opiniones dependen en gran parte del medio en que te has desarrollado. Si los que has recibido son negativos, un cambio de medio puede cambiar tu vida.

✓ Sería una locura pensar que las cosas van a cambiar si sigues haciendo lo mismo. Para obtener resultados diferentes, debes emprender acciones distintas.

✓ Todo viaje inicia al dar el primer paso. No debes impacientarte si al principio no notas grandes diferencias. Los grandes resultados se consiguen a costa de mucha persistencia.

✓ Todo cambio debe ser gradual. No debes pretender cambiar de la noche a la mañana, sino que debes efectuar pequeños cambios, pero de manera constante.

✓ Si piensas que no tienes el valor para hacerlo, inténtalo de cualquier manera. A veces el valor viene actuando y, de todas formas, lo peor que te puede pasar es seguir igual que como estás.

✓ Si piensas que no puedes, estás en lo cierto. Y si piensas que puedes, también estás en lo cierto. Tú tienes la capacidad de elegir tus pensamientos y acciones.

✓ El tiempo es el mejor de los maestros. Si quieres utilizar sus enseñanzas de una mejor manera, aprovecha la experiencia de las personas que te rodean.

✓ Si no te gusta lo que estás recibiendo, fíjate muy bien en lo que estás dando. La vida es como un eco: recibimos de los demás, lo mismo que les damos.

Lo más curioso acerca del juego de la vida es que cuando nos rehusamos a conformarnos con segundos lugares y decidimos salir tras lo mejor de lo mejor, generalmente lo obtenemos.

LAS 21 CLAVES IRREFUTABLES DEL ÉXITO

¿Cómo lograr tu independencia financiera más fácil y rápido de lo que pensabas?

Según la Ley de acción y reacción, a acciones iguales corresponden reacciones iguales. Por tal motivo, basta con seguir los pasos de las personas que se han vuelto millonarias gracias a su propio esfuerzo, para obtener los mismos resultados que éstas.

Al menos ésta es una de las conclusiones a las que se ha llegado tras investigar y estudiar las habilidades y prácticas propias de las personas que han logrado su sueño de hacerse millonarias con tan sólo esfuerzo y disciplina.

En esta parte del libro encontrarás una serie de recomendaciones que te permitirán poner en marcha tu destino monetario hasta donde la imaginación te lo permita. Todo es cuestión de relacionarse bien, aprender a organizarse y permitirse soñar con grandes cosas.

Cualidades del éxito

Los principios contenidos en ésta sección del libro están fundamentados en muchos años de enseñanza e investigación acerca de los hábitos y prácticas de las personas que se han vuelto millonarias por su propio esfuerzo.

Las investigaciones demuestran que este tipo de personas alcanzan el éxito haciendo ciertas cosas de la misma manera, una y otra vez, hasta formar hábitos de excelencia. En este sentido, el factor más importante para alcanzar el éxito financiero no es el dinero, sino las cualidades personales que les han permitido ganar dinero y conservarlo.

Para hacer esta parte del libro, se estudiaron más de nueve millones de casos de personas, en Estados Unidos de América y América Latina, que se volvieron millonarias por su propio esfuerzo, y que poseen más de un millón de dólares. Sus cifras aumentan anualmente de entre 15 a 20%, y la mayoría hace dinero por iniciativa propia. Todos habían fracasado antes de encontrar la oportunidad que los llevó a la notoriedad. De acuerdo con la Ley de causa y efecto, es posible ser exitosos con sólo hacer lo que la gente exitosa ha hecho. Así pues, ¿qué fue lo que hicieron estos millonarios? Siguieron los veintiún pasos para el éxito, que a continuación se presentan.

1. **Sueña con grandes cosas.** Permítete soñar con el tipo de vida que quisieras tener. Determina cuánto dinero deberías ganar para poder llevar el estilo de vida que añoras. Haz el ejercicio mental de proyectar tu situación cinco años en el futuro e imagina que has llevado una vida perfecta. Fíjate en los detalles. Mediante este tipo de visiones a largo plazo se logra una actitud más positiva y resuelta. Enumera todo lo que harías si el éxito estuviera asegurado.

2. **Desarrolla un claro sentido de la orientación.** Las cosas en las que normalmente se piensa, y el modo en el que se piensan, son dos de los factores que más influyen en lo que le sucede a uno. Piensa constantemente en tus metas para poder mantenerte cercano a ellas. Identifica lo que deseas en cada área de tu vida, especialmente en el área financiera, y escribe una lista de tus metas. Establece una fecha límite para cada una y enumera lo que debes hacer para alcanzarla. Luego, organiza la lista como si fuera un plan de acción y llévalo a cabo ahora. Haz diariamente algo que te acerque a tu meta principal.

3. **Considérate tu propio empleado.** Eres el responsable de lo que pasa en tu vida; por lo que, si hay algo que no te gusta, eres el responsable de cambiarlo. Es decir, estás a cargo.
   Es un error pensar que se trabaja para alguien más, incluso si se tiene un jefe. Independientemente de dónde trabajes, eres

el jefe de tu propia corporación de servicios personales. Verse como el empleado de uno mismo contribuirá a desarrollar la mentalidad de un empresario independiente, responsable de sí mismo y con iniciativa propia.

4. **Haz algo que te encante.** Identifica algo para lo que estés dotado naturalmente y que te encantaría hacer, y dedícate de lleno a ello. No consideramos trabajo lo que nos encanta hacer.

5. **Comprométete con la excelencia.** Disponte a ser el mejor en lo que hayas escogido hacer. Es preciso ser muy bueno porque casi todas las personas exitosas son muy competentes. Determina si el desarrollo de alguna habilidad en particular tendría un gran efecto en tu vida. Haz un plan para mejorar en dicha área.

6. **Trabaja en forma más inteligente.** Puesto que todas las personas que se han vuelto millonarias por esfuerzo propio trabajan con tesón, deberías hacerlo también. Trabajar con tesón significa: empezar más temprano y trabajar más inteligentemente. El truco está en aprovechar al máximo el horario de trabajo y no perder el tiempo. No incluyas en tu trabajo diligencias y actividades personales, tales como: telefonear a amigos, explorar en Internet, socializar o leer el periódico. Concentrarte en tu trabajo ayudará a crearte una reputación de persona trabajadora. De este modo, los demás se interesarán en ti y te ayudarán a avanzar.

7. **Dedica toda tu vida a aprender.** Aprende y mejora constantemente en el campo que hayas elegido. Considera que tu cerebro es un músculo que se desarrolla más y más con el uso. Al igual que los otros músculos, es preciso trabajar y estirar los músculos mentales. Mientras más aprendas, más podrás aportar en tus relaciones interpersonales y en el desarrollo de tu empresa.

   Las tres claves para dedicar toda la vida al aprendizaje son:
   - Lee acerca del área en la que te desempeñas entre 30 y 60 minutos diarios.
   - Escucha en tu automóvil lecciones grabadas en audio, y aprovecha el trayecto para aprender.
   - Asiste a tantos cursos y seminarios como te sea posible.

8. **Págate primero a ti mismo.** Comprométete a ahorrar e invertir por lo menos 10% de tus ingresos. Toma 10% de cada pago que recibes y deposítalo en una cuenta destinada exclusivamente a la acumulación financiera. Sé cuidadoso con el dinero. Revisa todos tus gastos y retrasa o difiere las compras importantes por una semana o hasta un mes. Mientras más te tardes, mejor será la decisión y el precio que obtendrás. El impulso por comprar es una de las mayores razones por las cuales la gente descubre a la hora de retirarse que cuenta con poco dinero. Trata de ahorrar de tus ingresos tanto como puedas. Si no puedes ahorrar ni siquiera 10%, empieza aunque sea con 1%.

    Esto crea también la disciplina de cuidar tus gastos.

9. **Conoce tu negocio con detalle.** Aprende a hacer mejor tu trabajo, y conviértete en un experto en tu área. De este modo, llegarás a la cima. Para tal fin, mantente al corriente de las últimas revistas y libros tocantes a tu área.

10. **Dedícate a atender a los clientes.** Mientras más sirvas a otras personas, mejor será tu retribución. El servicio al cliente es de suma importancia.

    Todas las personas que se han vuelto millonarias por esfuerzo propio se preocupan por servir bien a sus clientes, piensan constantemente en éstos, y buscan nuevas y mejores formas de servirles. Considera diariamente cómo podrías incrementar el valor de tu servicio para el cliente.

11. **Sé absolutamente honesto.** Tomar la delantera requiere de una reputación de absoluta integridad porque todos los negocios exitosos han sido construidos sobre la confianza. Mientras más crea la gente en ti, más dispuesta estará a trabajar para ti, darte crédito, prestarte dinero o comprarte bienes y servicios. Para conseguir este ideal de integridad, comienza por ser honesto contigo mismo y luego con los demás.

12. **Concéntrate en tus prioridades.** Aprender a establecer prioridades con regularidad y a alcanzarlas, te permitirá lograr casi siempre tus objetivos. Este puede ser un hábito difícil de adquirir, por lo que serán necesarias la voluntad, la autodisciplina y la resolución.

El secreto para establecer prioridades es listar todo lo que se debe llevar a cabo para alcanzar una meta y, luego, delinear las actividades que más valores. ¿Cuáles son los pasos clave que deberías tomar para marcar la diferencia? Determina el mejor modo de aprovechar el tiempo, y dedícate de lleno a completar la tarea.

13. **Desarrolla una reputación de rapidez y confiabilidad.** Hoy en día, la gente quiere resultados inmediatos. Por tal motivo, es preciso desarrollar una reputación de rapidez y de disposición a la acción. La celeridad te permitirá atraer nuevas oportunidades.

14. **Desarrolla una perspectiva a largo plazo.** Planifica con dos años de antelación. De este modo, te sentirás más cómodo cuando te encuentres en el camino con cualquier obstáculo.

15. **Practica la autodisciplina en todo.** El éxito está prácticamente asegurado si logras imponerte la disciplina de llevar a cabo lo que debes hacer, cuando lo debes hacer, aun cuando no tengas muchas ganas de hacerlo.

Debes ser capaz de autodominio, autocontrol y autodirección, y de favorecer el éxito a largo plazo sobre las gratificaciones a corto plazo. Es preciso preocuparse más por obtener resultados satisfactorios que aplicar métodos satisfactorios.

Si eres severo contigo mismo, la vida puede ser muy placentera; si eres placentero contigo mismo, la vida puede ser muy severa.

16. **Desata tu creatividad innata.** Los tres factores que estimulan la creatividad son: las metas intensamente deseadas, los problemas apremiantes y las preguntas bien enfocadas.

Mientras más te concentres en alcanzar tus metas, resolver tus problemas y responder preguntas difíciles, más astuto te volverás. Así, tu creatividad mejorará y tu mente se volverá más poderosa. La esencia de la creatividad es la mejora continua: mientras más trates de mejorar, más creativo serás.

17. **Rodéate de la gente adecuada.** Mientras más gente positiva conozcas, más exitoso serás y avanzarás más rápido. Tu grupo de referencia es importante porque, al igual que el camaleón,

deberás enfrentarte a las actitudes, valores, comportamientos y creencias de la gente que te rodea.

Trata siempre de asociarte con gente positiva, y aléjate de las personas negativas, criticonas y quejumbrosas.

18. Preocúpate por tu salud física. Es posible aspirar a vivir 80 años o más en la medida en que se mantenga la salud física necesaria para ser exitoso profesionalmente. Mantén el peso adecuado, sigue la dieta apropiada y ejercítate regularmente.

19. Sé resuelto y está dispuesto a la acción. Las personas que se han vuelto millonarias por su propio esfuerzo, piensan cuidadosamente y toman decisiones rápidamente.

Toma en cuenta las opiniones de los expertos para la toma de decisiones. De este modo, lograrás hacer más cosas cada día, y vivirás tu vida plenamente.

20. Nunca permitas que el fracaso sea una opción. El miedo al fracaso, no el fracaso mismo, es el mayor obstáculo del éxito. El fracaso hace más fuertes y decididas a las personas, mientras que el miedo al fracaso las paraliza.

Lleva a cabo aquello a lo que le tienes miedo. Actúa osadamente y descubrirás que fuerzas escondidas vendrán en tu ayuda.

21. Pasa la prueba de la persistencia. Independientemente de lo que ocurra, no te rindas. Está dispuesto a insistir, sin importar las dificultades, las desilusiones y los retrasos.

Las crisis recurrentes son inevitables y surgen cada cierto tiempo. Cuando se actúa con efectividad y positivamente, se adquiere una gran fortaleza y se logran excelentes resultados.

Jamás te des por vencido; cuando pienses que ya has agotado todas las posibilidades sólo recuerda una cosa: no lo has hecho.

Los pergaminos del éxito

1. **Comenzar de nuevo**
Hoy comienzo una nueva vida. Iniciaré mi viaje sin el estorbo de los conocimientos innecesarios. Me formaré nuevos hábitos y seré esclavo de ellos. Caminaré erguido entre los hombres y no me reconocerán, porque soy un hombre nuevo con una nueva vida.

2. **Dar amor**
Saludaré este día con amor en mi corazón. El poder invisible del amor puede abrir el corazón del hombre; haré del amor mi arma más poderosa. Elogiaré a mis enemigos y se convertirán en amigos míos, animaré a mis amigos y se convertirán en mis hermanos. Saludaré este día con amor y tendré éxito.

3. **Perseverar**
Persistiré hasta alcanzar el éxito. En este mundo no nací para la derrota ni el fracaso corre por mis venas. Siempre daré un paso más, si no es suficiente, daré otro y otro más, porque un paso cada vez no es muy difícil. Si persisto lo suficiente, alcanzaré la victoria.

4. **Ser único**
Soy el milagro más grande de la naturaleza. Proclamaré mi singularidad ante el mundo, no haré más intentos vanos de imitar a otros. Venceré, puesto que soy único y singular.

5. **Vivir este día como si fuera el último**
Este día es todo lo que tengo, y estas horas son ahora mi eternidad. Los deberes de hoy los cumpliré hoy; cada segundo de hoy será más fructífero y fecundo.

6. **Ser dueño de las propias emociones**
Hoy seré dueño de mis emociones, porque a menos que mi estado de ánimo sea correcto, mi vida será un fracaso. Dominaré mis estados de ánimo mediante una acción positiva y seré dueño de mí mismo.

7. **Tener buen humor reír, reirse del mundo**

   Cultivaré el hábito de la risa, pintaré este día con risas. Cada sonrisa puede ser canjeada por oro y mientras pueda reírme jamás seré pobre; con la risa seré feliz y tendré éxito.

8. **Multiplicar el propio valor 100%**

   Multiplicaré mi valor igual que el trigo que se siembra para que sus espigas produzcan mil granos de uno.

   La magnitud de mis metas no me asombrará; siempre extenderé mi brazo más allá de lo que está a mi alcance.

9. **Proceder de inmediato**

   Procederé ahora mismo, la acción es la chispa que enciende mis sueños, mis planes y mis metas; es mi alimento y mi bebida que nutrirá mi éxito. Ahora es el momento oportuno; éste es el lugar y yo soy el hombre.

10. **Tener fe en dios. Orar**

    Oraré, pero mis clamores serán solamente pidiendo dirección, oraré pero mis oraciones serán pidiendo que me guié, que se me señale el camino, que se me conceda vivir un número suficiente de días para alcanzar mis metas.

    OG MANDINO

SECRETO 2

ENCUENTRA LA FELICIDAD
EN TU INTERIOR

Aquellos que buscan la felicidad en otras personas y cosas están condenados a sufrir decepciones y a no encontrar nunca la estabilidad que anhelan. Nadie responderá por completo a sus anhelos y las posesiones materiales no los llenarán jamás por sí mismas.

Debes buscar y construir la felicidad en tu interior. Sentirse feliz es sentirse satisfecho con lo que uno es, con lo que uno hace, con las propias aspiraciones y con la forma de relacionarse con las personas que lo rodean. La práctica de los siguientes consejos te ayudará a conseguir estos objetivos.

Hoy viviré feliz: poseo la felicidad en mi interior, porque me siento satisfecho con lo que soy, con lo que hago, con mis aspiraciones y con la forma de relacionarme con los demás.

Optimismo

De mi madre aprendí que nunca es tarde, que siempre se puede empezar de nuevo, ahora mismo tú puedes decir: "basta a los hábitos que me destruyen, a las cosas que me encadenan, a los noticieros que me envenenan desde la mañana, a los que quieren dirigir mi vida por el camino perdido"; ahora mismo puedes decir: "basta del miedo que heredas, porque la vida es aquí y ahora". Que nada te distraiga de ti mismo, debes estar atento porque todavía no gozaste la más grande alegría, ni sufriste el más grande dolor. Vacía la copa cada noche para que Dios te la llene de agua nueva en el nuevo día.

Vive de instante en instante porque eso es la vida. Me costó muchos años llegar hasta aquí, ¿cómo no gozar y respetar este momento? Se gana y se pierde, se sube y se baja, se nace y se muere. Y si la historia es tan simple, ¿por qué te preocupas tanto? No te sientas aparte y olvidado, todos somos la sal de la tierra. En la tranquilidad hay salud, como plenitud dentro de uno.

Perdónate, acéptate, reconócete y ámate, recuerda que tienes que vivir contigo mismo por la eternidad, borra el pasado para no repetirlo, para no abandonar las cosas que amas, para no desanimarte como algunos a tu alrededor, para no tratarte como algunos te han tratado, pero no los culpes porque nadie puede enseñar lo que no sabe, perdónalos y te liberarás de esas cadenas. Si estás atento al presente, el pasado no te distraerá, entonces serás siempre nuevo.

Tienes el poder para ser libre en este mismo momento, el poder está siempre en el presente porque toda la vida está en cada instante. Pero no digas "¡no puedo!" ni en broma porque el inconsciente lo tomará en serio y te lo recordará cada vez que lo intentes. Si quieres recuperar la salud, abandona la crítica, el resentimiento y la culpa, principales responsables de nuestras enfermedades.

Perdona a todos y perdónate, no hay liberación más grande que el perdón, no hay nada como vivir sin enemigos. Nada peor para la cabeza y por lo tanto para el cuerpo, que el miedo, la culpa, el resentimiento y la crítica que te hace juez (agotadora y vana tarea) y cómplice de lo que te disgusta. Culpar a los demás es no aceptar la responsabilidad de nuestra vida, es distraerse de ella.

El bien y el mal viven dentro de ti, alimenta más al bien para que sea el vencedor cada vez que tengan que enfrentarse. Lo que llamamos problemas son lecciones, por eso nada de lo que nos sucede es en vano. No te quejes, recuerda que naciste desnudo, entonces ese pantalón y esa camisa que llevas ya son ganancia.

Cuida el presente porque en él vivirás el resto de tu vida. Libérate de la ansiedad, piensa que lo que debe ser será y sucederá naturalmente.

La confianza en uno mismo es uno de
los grandes secretos del éxito.

SECRETO 3
PIENSA EN LO POSITIVO

La vida exterior que conoces es consecuencia de tu vida interior, de tu pensamiento.

Piensa en ello con un ejemplo: amanece un día soleado, sin nubes, con una ligera brisa y una temperatura templada. ¿Es un buen día? Todo depende de cómo lo interprete el pensamiento de cada persona. Para una persona pesimista y amargada, será "otro día más" en el que debe padecer la triste rutina diaria. Para un hombre que piense en lo positivo, será "otro día magnífico" lleno de oportunidades para hacer grandes cosas por uno mismo y por los demás.

¿Te das cuenta? No hay "días buenos y días malos", sino "días que cada uno considera o percibe como buenos o malos". Tus pensamientos determinan tus acciones y tus actitudes, y éstas dan forma a tus circunstancias y marcan tu destino.

Si estás habituado a pensar en lo negativo, te levantarás odiando al despertador, molesto por los ronquidos de tu familia y de mal humor por tener que ir al trabajo o escuela. No soportarás el día sean cuales sean las condiciones meteorológicas. Te irritarás durante el desayuno, te enfadarás con la torpeza de tus amigos o seres queridos, te irás de casa lamentando un sinnúmero de cosas o situaciones, te enfadarás con los demás conductores, etcétera.

Tu pensamiento, tu actitud mental, están determinando tu forma de comportarte, tu forma de relacionarte con los demás, tu disposición para aprovechar las oportunidades... el estado y la dirección de tu vida.

Comprueba que el mundo y las personas son como espejos que reflejan la actitud que muestres hacia ellas. Si muestras sinceridad, simpatía y preocupación por otra persona, la actitud de ella hacia ti acabará siendo similar. Haz la prueba y descubrirás que, a medida que cambies tus actitudes hacia las cosas y las personas, éstas a su vez cambiarán respecto de ti.

Comprende que tu mente es como una huerta en la que todo lo que siembras y cultivas da frutos. Tus buenos pensamientos generarán buenas acciones, y los malos pensamientos generarán malas acciones. La buena noticia es que puedes cultivar esa huerta según tus deseos. Es decir, tienes la libertad y el poder de modelar tus pensamientos.

Todo lo que consigues o no, es el resultado de lo que piensas acerca de tus aptitudes, tu valor y tus posibilidades.

Comprende que incluso tu propio cuerpo es consecuencia de tus pensamientos. Tu salud y belleza se verán afectados por tu forma de pensar. Como generalmente se intuye, la cara de una persona no se dulcifica o amarga por casualidad, sino como resultado de pensar en lo positivo o lo negativo.

Comprende que el sufrimiento mental es siempre consecuencia del pensamiento negativo. Incluso los más elevados niveles del dolor físico y fracaso, si son asumidos con actitud positiva, no generan sufrimiento mental, sino lecciones, fuentes de mejora continua e incluso alegría. Piensa en el dolor físico de un parto y en la felicidad mental de una madre.

Por lo tanto, puedes elegir pensar resaltando todo lo positivo de ti mismo, de los demás y de las cosas (pensamiento positivo) o puedes elegir pensar resaltando todo lo negativo de ti mismo, de los demás y de las cosas (pensamiento negativo).

El pensamiento positivo te procurará alegría, ilusión, motivación y confianza en tus posibilidades, lo que te traerá buenos resultados y a la vez favorecerá la salud y la belleza de tu cuerpo. Pensar en lo positivo te proporcionará, además, la simpatía, la amistad y el apoyo de quienes te rodean. El pensamiento negativo, por el contrario, te procurará tristeza, ansiedad, desánimo e inseguridad, lo que te traerá malos resultados y a la vez favorecerá la mala salud física y la fealdad de tu cuerpo o expresión de tu rostro. Pensar en lo negativo te proporcionará, además, antipatía, desconfianza y aislamiento de quienes te rodean. Tienes la libertad de elegir.

Comprende, por último, que pensar en lo positivo no significa ser un ingenuo o dejarse avasallar por los desalmados. Que te esfuerces por resaltar los aspectos positivos de las personas o cosas, no quiere decir que no debas actuar con determinación cuando presencies una injusticia o una maldad. Harás lo posible por resolverla con actitud positiva, lo que no excluye actuar con contundencia cuando sea inevitable y no implique hacer algo que pueda obligarte a perder el respeto por ti mismo.

Hoy pensaré en lo positivo: resaltaré siempre lo positivo
de mí mismo, de los demás y de las cosas.
Apartaré de mi mente los pensamientos negativos.

Sé positivo, recuerda que:

1. El enemigo más paralizador es… el miedo.

2. El día más bello y más importante es… hoy.

3. La mejor maestra es… la experiencia.

4. Lo más peligroso y derrotista es… darse por vencido.

5. El defecto más dañino y agresivo es… el egoísmo.

6. La mejor distracción y la más útil es… el trabajo.

7. Lo más maravilloso es… saber amar mucho y bien.

8. La peor bancarrota es... el desánimo y la tristeza.

9. El peor error y el más fatal... el pecado.

10. El sentimiento más negativo es... la envidia.

11. El regalo más generoso es... el perdón.

12. El mejor amigo y el más grande protector es... Dios.

13. El conocimiento más útil es... leer la Biblia.

14. La felicidad más dulce es... la paz.

15. Sólo una cosa es necesaria... salvar el alma.

T.E. Haye

SECRETO 4

CUIDA DE TI

Todo lo que esté por debajo de tu capacidad y de tu calidad como ser humano no es digno de ti y debes evitarlo. Aléjate de todo lo que pueda hacerte faltar a tu palabra o perder el respeto hacia ti mismo.

Cuida tu cuerpo haciendo deporte y evitando las acciones perjudiciales para tu salud.

Cuida su mente aprendiendo continuamente conocimientos positivos y evitando malgastar tu tiempo con conocimientos negativos.

Cuida de tu alma practicando meditación y evitando los pensamientos y acciones que perturben tu tranquilidad espiritual.

Cuida de tu corazón mostrando tu aprecio sincero por los demás y evitando el egoísmo.

Hoy cuidaré de mi mismo: cuidaré de mi cuerpo con el deporte, mi mente con conocimientos positivos, mi alma con meditación y mi corazón con aprecio sincero hacia los demás.

Secretos para ser felíz

Hace muchísimos años vivió en India un sabio, de quien se decía que guardaba en un cofre encantado un gran secreto que lo hacía ser un triunfador en todos los aspectos de su vida y que por eso se consideraba el hombre más feliz del mundo. Muchos reyes, envidiosos, le ofrecían poder y dinero, y hasta intentaron robarlo para obtener el cofre, pero todo era en vano, mientras más lo intentaban, más infelices eran, pues la envidia no los dejaba vivir. Así, pasaron los años y el sabio era cada día más feliz. Un día llegó ante él un niño y le dijo: "Señor, al igual que tú, yo también quiero ser inmensamente feliz, ¿por qué no me enseñas cómo conseguirlo?" El sabio, al ver la sencillez y la pureza del niño, le dijo: "A ti te enseñaré el secreto para ser feliz, ven conmigo y presta mucha atención, en realidad son dos cofres donde guardo el secreto, y éstos son mi mente y mi corazón, y el gran secreto no es otro que una serie de pasos que debes seguir a lo largo de tu vida".

"El primero, es saber que existe la presencia de Dios en todas las cosas de la vida, y por lo tanto debes amarlo y darle las gracias por todas las cosas que tienes."

"El segundo, es que debes quererte a ti mismo, y todos los días al levantarte y al acostarte debes afirmar: yo soy importante, yo valgo, soy capaz, soy inteligente, soy cariñoso, espero mucho de mí, no hay obstáculos que no pueda vencer."

"El tercer paso es que debes poner en práctica lo que dices que eres; si dices ser inteligente, actúa inteligentemente; si piensas que eres capaz, haz lo que te propones; si piensas que eres cariñoso, expresa tu cariño; si piensas que no hay obstáculos que no puedas vencer, entonces proponte metas en tu vida y lucha por ellas hasta lograrlas."

"El cuarto paso es que no debes envidiar a nadie por lo que tiene o por lo que es; ellos alcanzaron sus metas, logra tú las tuyas."

"El quinto paso es que no debes albergar en tu corazón rencor hacia nadie, ese sentimiento no te dejará ser feliz; deja que las leyes de Dios hagan justicia, y tú perdona y olvida."

"El sexto paso es que no debes maltratar a nadie; todos los seres del mundo tenemos derecho a que se nos respete y se nos quiera."

"Y por último, el séptimo paso: levántate siempre con una sonrisa en los labios, observa a tu alrededor y descubre en todas las cosas el lado bueno y positivo; piensa en lo afortunado que eres al tener todo lo que posees, ayuda a los demás, sin pensar que vas a recibir algo a cambio; mira a las personas y descubre en ellas sus cualidades; comparte con ellos estos secretos, para que de esa manera ellos también puedan llegar a ser mucho muy felices."

El éxito es ese viejo trío: preparación, oportunidad y determinación.

SECRETO 5

VIVE UN DÍA A LA VEZ

Las palabras más tristes que podrías llegar a pronunciar algún día son: "Si pudiera volver a vivir mi vida..." ¿Cuáles serían tus pensamientos si tu médico te anunciara que te quedan 24 horas en este mundo? Quizá lamentarás no haber tenido más tiempo para estar con tu familia, no haber tenido más tiempo para ganar el dinero suficiente que les asegurara su futuro, no haber tenido más tiempo para hacer realidad tus sueños, no haber tenido más tiempo para pensar en Dios y la eternidad. Tiempo. Tu tiempo es el mayor tesoro que posees. No lo malgastes, aprovecha cada minuto de tu vida de la mejor forma posible porque no regresará jamás.

Comprende que "hoy" es todo lo que tienes. "Mañana" no existe, y "ayer" ya ha desaparecido, así que no malgastes su tiempo recreándote en el difunto pasado ni anticipando el impredecible futuro. Construye en cada minuto del presente una vida feliz.

Aprende a vivir un día a la vez. Considera cada día como una vida separada en la que debes dar lo mejor de ti. Cada minuto es una nueva oportunidad para construir y avanzar.

Hoy viviré este día como si fuera una vida separada que empieza y termina hoy: me esforzaré para vivir feliz durante cada uno de sus valiosos minutos.

Aprendí y decidí

Y así después de esperar tanto, un día como cualquier otro decidí triunfar. Decidí no esperar a las oportunidades, sino buscarlas yo mismo, decidí ver cada problema como la oportunidad de encontrar una solución, decidí ver cada desierto como la oportunidad de encontrar un oasis, decidí ver cada noche como un misterio a resolver, decidí ver cada día como una nueva oportunidad de ser feliz.

Aquel día descubrí que mi único rival no eran más que mis propias debilidades, y que en ellas está la única y mejor forma de superarme, aquel día dejé de temer a perder y empecé a temer a no ganar, descubrí que no era yo el mejor y que quizás nunca lo fui, me dejó de importar quién ganara o perdiera; ahora me importa simplemente saberme mejor que ayer.

Aprendí que lo difícil no es llegar a la cima, sino jamás dejar de subir. Aprendí que el mejor triunfo que puedo conseguir es tener el derecho de llamar a alguien *amigo*.

Descubrí que el amor es más que un simple estado de enamoramiento; el amor es una filosofía de vida. Aquel día dejé de ser un reflejo de mis escasos triunfos pasados y empecé a ser mi propia tenue luz de este presente; aprendí que de nada sirve ser luz si no vas a iluminar el camino de los demás.

Aquel día decidí cambiar tantas cosas... Aquel día aprendí que los sueños son solamente para hacerse realidad, desde aquel día ya no duermo para descansar... Ahora simplemente duermo para soñar.

*Aquel que tiene un por qué para vivir puede
enfrentar todos los cómos.*

SECRETO 6

EMPRENDE NUEVOS DESAFÍOS CON LA ACTITUD ADECUADA

Debes reservar tus grandes sueños en el fondo de tu corazón, y concentrarte en llevar a cabo los pequeños objetivos diarios que te conducirán poco a poco hacia tus sueños. Cualquier tarea, por insignificante que sea, la efectuarás con ilusión si estás convencido de que al superarla te acercará un paso más a la consecución de tus sueños, los cuales te permitirán salir de la crisis.

Antes de iniciar un objetivo ambicioso, procura aprender de las personas con experiencia en ese campo. Pregunta, escucha, lee, estudia. Planifica y calcula lo justo, pues con frecuencia denominamos *precaución* al simple miedo de comenzar una tarea nueva. Y sólo hay una forma de empezar: empezando.

Comienza sin pensar demasiado, sabiendo que al principio te va a costar conseguir buenos resultados y que para alcanzar el éxito en cualquier actividad es preciso trabajar duro y saber sobreponerse a los fracasos.

Emprende todas tu acciones con entusiasmo y concentra todos tus esfuerzos en los objetivos alcanzables de cada día.

Procura evitar el fracaso temprano fijándote objetivos iniciales pequeños y fáciles de alcanzar. Comprende que un gran éxito es el resultado de una serie de pequeños éxitos.

Persevera en tu trabajo y ten paciencia, los buenos resultados a veces tardarán un poco en llegar. Cuando decidas ejecutar una tarea determinada, llévala a cabo a toda costa aunque te resulte especialmente desagradable o complicada, pues es cumpliendo tus compromisos más difíciles como forjarás tu voluntad y harás crecer tu autoestima.

Separa mental y anímicamente tu familia y el trabajo. No permitas que las preocupaciones de uno de estos ámbitos interfieran en el buen funcionamiento del otro. Reserva tiempo todos los días para el descanso y para atender las necesidades de tus seres queridos. Cualquier actividad que no te permita desempeñar ambas tareas acabará conduciéndote a la infelicidad.

Recuerda la siguiente leyenda: "El hombre obsesionado por viajar hasta la isla de la felicidad finalmente cayó en la cuenta de que la felicidad debía buscarse durante cada jornada del viaje y no sólo en el destino final." Comprende que vivir feliz no es sólo conseguir una meta lejana, sino disfrutar de lo positivo de cada minuto vivido.

Aprende, igualmente, que los pequeños objetivos son los ladrillos que irán construyendo el edificio de tus grandes sueños.

Hoy me concentraré en llevar a cabo los objetivos de este día, sabiendo que al lograrlos estaré construyendo los grandes sueños que guardo en el fondo de mi corazón.

Mensajes para recordar

✓ Elogia a por lo menos tres personas al día.
✓ Di "gracias" y "por favor" con mucha frecuencia.
✓ Sé siempre el primero en saludar y decir "hola".
✓ Trata a los demás como quisieras ser tratado.
✓ Haz nuevas amistades, pero cultiva las que ya tienes.
✓ No pospongas la alegría.
✓ Nunca te rindas, los milagros ocurren cada día.
✓ Sorprende a los que amas con pequeños regalos inesperados.
✓ Deja de culpar a los demás. Asume tu responsabilidad por cada área de tu vida.
✓ Sé especialmente cortés y paciente con las personas mayores.
✓ Recuerda que lo más importante en las relaciones familiares y de negocios es la confianza.

✓ Recuerda que 80% del éxito en cualquier trabajo se basa en tu habilidad para tratar con otras personas.

✓ Piensa en cosas grandes, pero disfruta de los placeres pequeños.

✓ Sonríe constantemente, no te cuesta nada y es inapreciable.

✓ Aprende a perseverar ante los cambios.

✓ Recuerda que no sucede nada importante hasta que alguien se arriesga.

✓ Aprende a escuchar. La oportunidad toca a veces muy quedo.

✓ Nunca prives a otros de la esperanza, ya que puede ser lo único que posean.

✓ Lucha por la mejora continua.

✓ Toma siempre tiempo para oler las flores.

✓ Nunca te rindas en lo que realmente quieres lograr. La persona con grandes sueños es más poderosa que quien ya no tiene nada por hacer.

✓ Sé más amable de lo necesario.

✓ Mide a las personas por el tamaño de sus corazones y no por el de sus cuentas bancarias.

✓ Conviértete en la persona más positiva y entusiasta que conozcas.

✓ Cuida tu postura. Entra en una habitación con determinación y confianza.

✓ No olvides que la necesidad más importante en una persona es sentirse apreciada.

✓ Elige un trabajo que te apasione.

✓ Relájate. Con excepción de los asuntos de vida o muerte, nada es tan importante como parece inicialmente.

✓ Da lo mejor de ti a tu empleador. Es una de las mejores inversiones que puedes hacer para incrementar tu reputación.

✓ No pierdas el tiempo afligiéndote por errores pasados, aprende de ellos y sigue adelante.

✓ No magnifiques las cosas pequeñas.

✓ Alaba en público y critica en privado.

✓ Nunca digas a alguien que parece cansado o deprimido, mejor levántale el ánimo.

✓ Rodéate de buenas compañías.

✓ Cumple con tus promesas.

✓ Encuentra lo bueno de las personas.

✓ Respeta las tradiciones.

SECRETO 7

CONCENTRA TODOS TUS ESFUERZOS EN SUPERAR UN OBJETIVO A LA VEZ

Los planes generales y a largo plazo no son suficientes ni prácticos. Debes separarlos en pequeñas partes y concentrarte así en los desafíos concretos y alcanzables del día con día.

Comprende el significado de trabajar inteligentemente: los triunfadores no son los que más trabajan, sino los que obtienen mayor rentabilidad por cada una de sus horas de trabajo. Más vale hacer pocas cosas muy bien hechas que muchas cosas muy mal hechas. No disperses tus energías en un campo demasiado extenso; concentra todos tus esfuerzos en superar un objetivo a la vez y, cuando lo resuelvas, pasa al siguiente.

Concéntrate sólo en la tarea del momento presente y ningún desafío te parecerá inalcanzable por ambicioso que éste sea. Es más fácil ascender pensando en subir cada vez un pequeño escalón que agobiándose con la longitud de toda la escalera.

Hoy trabajaré en un objetivo a la vez: concentraré
todos mis esfuerzos y pensamientos en superar
un pequeño objetivo cada vez, porque sé que la dispersión
o la falta de enfoque me conducen al fracaso.

Los secretos de la gente eficaz

✓ Apunta alto. Normalmente llegarás a donde te propones.

✓ Sonríe y sé cortés. A todos nos gusta la gente positiva.

✓ Escucha a toda la gente y haz preguntas. Sabrás más.

✓ Se tan crítico contigo mismo como lo eres con tus compañeros.

✓ Apóyate en los demás: individualmente nunca superarás a un equipo.

✓ Haz que la gente con la que vives sepa el valor que tienen para ti.

✓ Promete poco y haz mucho.

✓ Sé insistente, pero nunca seas pesado.

✓ Invierte en aprender. Si eres novato, pregunta a los veteranos. Y si eres veterano, pregunta a los novatos.

✓ No confíes en la memoria. Anota todo lo que quieras recordar.

✓ Preocúpate cuando fracases, pero nunca te sientas derrotado.

✓ Conoce tus cualidades, y estúdialas, ponlas en práctica.

✓ Concédete tiempo para descansar y diviértete.

✓ El éxito a costa de tus convicciones y de tu propio beneficio es un fracaso.

SECRETO 8

ACTÚA SIN DEMORA

De nada te servirá elaborar grandes proyectos si luego no te esfuerzas día con día para ponerlos en práctica. Cualquier plan, por bien diseñado que esté, carece de valor si no va seguido de la acción firme y perseverante.

La demora, que muchas veces va disfrazada como "cálculo, previsión, planificación, etc.", es siempre consecuencia del miedo a fracasar. Debes evitar la demora adquiriendo el hábito de reflexionar lo estrictamente necesario y actuar de inmediato.

Tan malo es el exceso de reflexión como el exceso de impulsividad. Evita tomar decisiones importantes cuando te encuentres en un estado emotivo; aplázalas hasta que puedas analizarlas con serenidad.

Comprende que tú y tu realidad son consecuencia de lo que haces. Multiplica tus buenas acciones en todos los ámbitos de tu vida y mejorarás tu autoestima y la opinión que tienen los demás respecto de ti.

Hoy actuaré sin demora: evitaré el retraso
disfrazado de "exceso de reflexión"
antes de actuar.

Cómo ser un líder excepcional

Para ser un líder excepcional, debes pensar en ir más allá de lo que un contrato estipula. Los siguientes puntos te ayudarán a aumentar tu nivel y a superarte.

✓ **Piensa como si fueras el dueño.** Algunas tareas no encajan perfectamente en el marco de tus responsabilidades, pero igual deben hacerse. Búscalas y decide delegarlas a alguien más o hazlas tú mismo, teniendo en mente que lo más importante es que se lleven a cabo.

✓ **Lucha contra los plazos.** Entrega tus trabajos a tiempo, elaborándolos con suficiente anticipación.

✓ **Ayuda a otros.** Los buenos líderes alientan a sus compañeros y empleados a encontrar por sí mismos la solución de sus problemas y a aprender de sus errores.

✓ **Circula la información.** No la acapares; sé un conducto de ella. Eso aumentará tu capacidad.

✓ **Adáptate y aprende.** No sientas temor por los cambios y los avances tecnológicos, muévete rápidamente, aprende a usar todo nuevo conocimiento con efectividad.

Los líderes excepcionales son aquellos que encuentran formas de hacer que el personal y las herramientas los enseñen a crecer más.

*La verdadera esencia del liderazgo
es tener una visión y transformarla en realidad.*

SECRETO 9

MANTÉN EL ENTUSIASMO

Tu forma de comenzar el día marcará el resto de la jornada. Inicia cada nuevo día con confianza en tus posibilidades, respeto a ti mismo y, sobre todo, con entusiasmo.

La confianza en tus posibilidades permitirá afrontar cualquier desafío con seguridad. El respeto a ti mismo exigirá dar lo mejor de ti en cualquier actividad que emprendas. El entusiasmo proporcionará una vitalidad adicional en tus músculos y en tu mente, y motivará a los demás a seguirte. Debes esforzarte para mantener el entusiasmo durante todo el día, adquiriendo el hábito de sostener indefinidamente un tono vital elevado y fuerte que te conduzca a afrontar todas tus actividades con energía, interés y buen ánimo.

Hoy mantendré mi entusiasmo: iniciaré el día con confianza en mis posibilidades, respeto por mí mismo y entusiasmo. Me esforzaré para mantener el entusiasmo en todo momento, pues sé que hacerlo me proporcionará energía adicional para contagiar a las personas que me rodean.

CÓMO MEJORAR TU AUTOESTIMA

Si no nos queremos a nosotros mismos, difícilmente podremos ser felices y hacer felices a los demás. Además, no confiaremos en nuestra capacidad para lograr los fines que nos proponemos y nos sentiremos desilusionados a menudo. A continuación encontrarás las claves para que esto no te ocurra.

La autoestima es el sentimiento que vamos desarrollando de confianza y seguridad en nosotros mismos. Es la buena o la mala imagen que tenemos de nosotros. Implica la percepción de control sobre la propia persona y es la clave para relacionarnos con nuestro entorno en forma satisfactoria. Su fundamento está en el conocimiento de uno mismo, en el valor que le damos a los propios gustos, éxitos, habilidades y características.

Las 10 claves para creer en tí

1. **Valora lo que haces.** Aprende a reforzarte por lo que haces y date mensajes de elogio: "lo sé hacer muy bien", "estoy orgulloso de haberlo conseguido", etc. No olvides valorar los hechos cotidianos y no sólo los que son extraordinarios.

2. **Reduce los pensamientos negativos.** No es cuestión de que a partir de ahora todo lo veas color de rosa, sino de que seas objetivo. Antes de plantearte eliminar un pensamiento negativo, analiza la situación y valora en qué medida tus pensamientos se ajustan a la realidad. Si no es así, intenta sustituirlos por otros más realistas.

3. **Proponte pequeños retos.** Planifica cómo conseguirlos, anótalos en una libreta, ve comprobando los avances y disfruta de los logros.

4. **Lo perfecto es enemigo de lo bueno.** Es importante que te plantees la mejora continua como un reto, tomando en cuenta que la perfección no existe. Saber valorar el esfuerzo nos facilita seguir mejorando.

5. **No te castigues por tus errores.** Todos nos equivocamos, porque nadie es infalible. Ante cualquier situación, recuerda que no vale la pena perder el tiempo con lamentaciones inútiles. Lo importante es saber reconocer los errores, ponerles remedio y aprender de ellos.

6. **Aprende a relacionarte.** La comunicación es el eje de las relaciones personales. Saber expresar lo que sentimos

y escuchar a los demás nos permitirá disfrutar de las buenas relaciones y sentir un gran bienestar.

7. **Reconoce tus deseos y exprésalos sin temor.** La adecuada comunicación de las emociones incluye expresar las necesidades y los deseos. Cuando hablamos de la expresión de las emociones, nos referimos tanto a las emociones positivas como negativas. Para expresarlas, hazlo en forma directa, concreta y clara, en primera persona, utiliza expresiones sentimentales y apóyate en el lenguaje no verbal. Para expresar las emociones negativas, espera el momento oportuno, no dejes que se acumulen en el tiempo y describe la conducta que te molesta y cómo te afecta.

8. **Cuando algo no te interese, di "no".** No digas "sí" cuando quieras decir "no". Es una forma de fomentar tu propio respeto y el de los demás, y de defender tu voluntad. Hazlo de manera natural, sin justificaciones. Y no te sientas culpable por no cumplir las demandas del otro.

9. **Disfruta de tu tiempo.** ¿Has escuchado la frase "hay que consentirse"? A menudo, el trabajo o la familia te exigen cada vez más y más dedicación. Reduce tu nivel de autoexigencia, establece prioridades y piensa en aquello que te resulta satisfactorio. Al final del día, concédete un tiempo para hacer lo que deseas: leer, pintar o simplemente, descansar y relajarte.

10. **Cultiva el buen humor.** El humor y la risa influyen directamente en nuestro estado de ánimo y en nuestra autoestima. Es importante aprender a reírse con los otros y no de los otros. La risa es un antídoto contra la depresión. Piensa en situaciones que pudieran ser generadoras de humor y emociones positivas. Conseguir todo esto puede resultarte difícil en un principio, pero es algo que puede lograrse. Lo importante es que no pierdas la confianza de lograr superarte.

Todos los triunfos nacen
cuando nos atrevemos a comenzar.

La oruga

Una pequeña oruga caminaba un día en dirección al sol. Muy cerca del camino se encontraba un saltamontes. "¿Hacia dónde te diriges?", le preguntó. Sin dejar de caminar, la oruga contestó: "Tuve un sueño anoche: soñé que desde la punta de la gran montaña yo miraba todo el valle. Me gustó lo que observé en mi sueño y he decidido realizarlo". Sorprendido, el saltamontes dijo mientras su amigo se alejaba: "¡Debes estar loco! ¿Cómo podrás llegar hasta aquel lugar? ¿Tú?, ¿una simple oruga? Una piedra será una montaña, un pequeño charco un mar y cualquier tronco una barrera infranqueable."

Pero el gusanito ya estaba lejos y no lo escuchó, su diminuto cuerpo no dejó de moverse. De pronto, se oyó la voz de un escarabajo: "¿Hacia dónde te diriges con tanto empeño?" Sudando ya, el gusanito, le dijo jadeante: "Tuve un sueño y deseo realizarlo, subir a esa montaña y desde ahí contemplar todo nuestro mundo". El escarabajo no pudo soportar la risa, soltó la carcajada y luego dijo: "Ni yo, con patas tan grandes, intentaría llevar a cabo algo tan ambicioso." Y se quedó en el suelo muerto de la risa. Mientras, la oruga continuó su camino, avanzando unos cuantos centímetros. Del mismo modo, la araña, el topo y la rana le aconsejaron a nuestro amigo desistir. "¡No lo lograrás jamás!", le dijeron, pero en el interior de la oruga había un impulso que la obligaba a seguir. Ya agotada, sin fuerzas y a punto de morir, decidió parar a descansar y construir con su último esfuerzo un lugar donde dormir. "Estaré mejor", fue lo último que dijo, y murió.

Todos los animales del valle fueron a mirar sus restos, ahí estaba el animal más loco del campo, había construido como su tumba un monumento a la insensatez, ahí estaba un duro refugio, digno de uno que murió por querer lograr un sueño imposible.

Una mañana en la que el sol brillaba de una manera especial, todos los animales se congregaron en torno de aquello que se había convertido en una advertencia para los atrevidos. De pronto, quedaron atónitos, aquella concha dura comenzó a quebrarse y con asombro vieron unos ojos y unas antenas que no podían ser las de la oruga que creían muerta; poco a poco, como para darles tiempo de reponerse de la impresión, emergieron las hermosas alas de aquella sorprendente mariposa, que realizaría su sueño, el sueño por el que había vivido, por el que había muerto y por el que había renacido. Todos se habían equivocado.

Dios nos ha creado para conseguir un ideal, vivamos por él, intentemos alcanzarlo, pongamos la vida en ello y, si nos damos cuenta de que no podemos, quizá necesitemos hacer un alto en el camino y experimentar un cambio radical en nuestras vidas y entonces, con nuevos bríos y con la gracia de Dios, lo lograremos.

El éxito en la vida no se mide por lo que has logrado,
sino por los obstáculos que has tenido
que enfrentar en el camino.

SECRETO 10

PERSEVERA HASTA CONSEGUIR EL TRIUNFO

Nada grande se consigue muy rápido, sin esfuerzo y sin superar pequeños fracasos. La perseverancia es una de las principales claves del éxito. Perseverar es insistir una y otra vez en la consecución de un objetivo. Con paciencia. Concentrándose en dar un pequeño paso a la vez que, sumado a los anteriores y a los siguientes, irá formando poco a poco el camino hacia la gran meta. Perseverar es la cualidad del escultor, que entiende que avanza muy poco con cada golpe, pero que la suma de todos ellos crea una obra de arte.

Recuerda que el fracaso es sólo una etapa más en el camino hacia el éxito. Comprende que cada vez que fracases aumentarán tus probabilidades de acertar en el próximo intento, porque serás más sabio, más experto, más ágil.

No te des por vencido jamás. No aceptes la derrota. No te lamentes. No culpes de tu fracaso a nada ni a nadie. No permitas que el desánimo se instale en tu mente. Piensa siempre en lo positivo y evita que te contaminen las personas que piensan en lo negativo.

Pensar en todo lo que ya has trabajado o en todo lo que te queda por trabajar, dispersa tu mente y bloquea tu agilidad. La clave de la perseverancia es concentrarte en un pequeño objetivo a la vez.

Hoy perseveraré hasta alcanzar el triunfo: aceptaré que los fracasos forman parte del camino hacia el éxito y no permitiré jamás que el desánimo se instale en mi mente.

La diferencia

Cuentan que una vez un hombre mayor caminaba por la playa contemplando el mar, cuando a lo lejos vio una figura de un hombre que parecía bailar; se apresuró para acercarse más y ver exactamente lo que hacía. Cuando estuvo cerca, se dio cuenta de que el hombre no estaba bailando, sino tomando estrellas de mar y arrojándolas mar adentro tan fuerte como podía. Le preguntó entonces: "¿Qué haces mi joven amigo?" Éste respondió: "La tarde está cayendo y la marea, bajando, si no arrojo estas estrellas al mar, morirán." El hombre mayor sonrió irónicamente y le dijo: "Pero hay miles de playas en todo el mundo, donde miles de estrellas de mar, morirán. ¿Crees tú que con eso harás la diferencia?" El joven se detuvo por un momento, suspiró, tomó otra estrella, la arrojó y expresó: "¡Bueno, acabo de hacer la diferencia para esa!"

Anónimo

No podemos elegir cómo vamos a
morir o cuándo vamos a hacerlo.
Sólo podemos decidir cómo vamos a vivir.

SECRETO 11

APRENDE DE CADA TROPIEZO

No hay mejor maestro que el fracaso, que te llevará a extraer lo mejor de ti mismo y te mostrará lo que tiene valor y lo que no tiene, los que son tus amigos y los que no lo son. Escucha siempre las lecciones de los tropiezos y aplícalas de inmediato en tu vida.

No permitas jamás que la derrota te acobarde, pues ése es el camino que lleva a una existencia sumida en el temor y las frustraciones. Entiende que el fracaso es un componente más de la vida y del camino hacia el éxito. Asúmelo con sabiduría, como un reto que intentarás superar la próxima ocasión. Comprende que es en la adversidad donde se forja el carácter y asume cada tropiezo como un reto personal para superarte y mejorar.

No escuches a las personas que piensan en lo negativo. A los que se burlan o compadecen a los luchadores que tropiezan. No malgastes el tiempo con ellos y no permitas que sus lamentos, su fatalismo y su autocompasión te contaminen.

Hoy aprenderé de cada tropiezo: jamás permitiré que un tropiezo me acobarde, sino que lo asumiré con sabiduría como un reto a superar la próxima ocasión.

Instantes

Si pudiera vivir nuevamente mi vida,
en la próxima, trataría de cometer más errores,
no intentaría ser tan perfecto, me relajaría más,
sería más tonto de lo que he sido, de hecho,
tomaría muy pocas cosas con seriedad,
sería menos higiénico, correría más riesgos,
haría más viajes, contemplaría más atardeceres,
subiría más montañas, nadaría más ríos,
iría a más lugares adonde nunca he ido.
Comería más helados y menos habas,
tendría más problemas reales y menos imaginarios.

Yo fui una de esas personas que vivió sensata
y prolíficamente cada minuto de su vida.
Claro que tuve momentos de alegría,
pero si pudiera volver atrás,
trataría de tener solamente momentos buenos,
por si no sabéis, de eso está hecha la vida,
sólo de momentos, no te pierdas el ahora.

Yo era uno de esos que nunca iban a ninguna parte
        sin un termómetro,
una bolsa de agua caliente, un paraguas y un paracaídas.
Si pudiera volver a vivir viajaría más liviano,
si pudiera volver a vivir,
comenzaría a andar descalzo a principios de la primavera
y seguiría así hasta concluir el otoño,
daría más vueltas en calesita, contemplaría más amaneceres,
y jugaría con más niños.

Si tuviera otra vez la vida por delante,
pero ya ven, tengo ochenta y cinco años
y sé que me estoy muriendo.

Nadine Stair

SECRETO 12

HAZ UN BALANCE
CADA DÍA

Examina cada noche tu comportamiento del día con el propósito de mejorar. Pregúntate qué has hecho bien, qué mal y cómo puedes mejorarlo, y que has dejado de hacer.

Si caes en la cuenta que has lastimado a alguien durante el día, hazte el firme propósito de reparar ese daño al día siguiente y esfuérzate por cumplirlo.

Esta noche haré un balance del día: examinaré cómo ha sido mi jornada a la luz de la meditación, alegrándome de mis buenos actos, y analizando los demás para corregirlos y mejorarlos.

Cómo lograr el éxito

Si verdaderamente deseas tener éxito, nada es mejor que enfrentar un mundo de retos y triunfar encontrando lo mejor dentro de uno mismo, haciendo efectivas nuestras fortalezas e irrelevantes nuestras debilidades.

El reto básico es sacar el mayor provecho de los dones que nos fueron dados y disfrutar de los frutos de una vida muy bien aprovechada.

Los cuatro principios básicos para lograr el éxito son:

1. **Establece tus objetivos.** Para llegar a alguna parte, se debe saber adónde se va. Los objetivos ponen el dinamismo del

deseo deliberado en todo lo que hace. Los objetivos ayudan a dirigir la fuerza de la mente por tres razones: incrementan la concentración, cristalizan los deseos y comprometen el poder de la imaginación. La meta es establecer objetivos específicos y medibles.

2. **Clasifica las prioridades.** Para lograr el máximo éxito por minuto invertido, pon primero lo primero, ya que las prioridades mantienen la energía enfocada en donde las ganancias son mayores.

3. **Actúa en los asuntos importantes.** Los objetivos establecen la dirección, pero la acción trae consigo los resultados.

4. **Evalúa tu desempeño.** Para actuar de la mejor manera, mantén una puntuación diaria. Unos pocos segundos de autoevaluación permiten disfrutar de tus logros y elevar tu desempeño. Al final del día pregúntate: ¿logré llegar hasta donde me propuse o me desvié, confundí o estanqué? El autoevaluarse con regularidad afirma el uso de objetivos y prioridades en un sistema sólido de éxito. Si "te topas con pared" no te rindas; idea la forma de escalarla, atravesarla o rodearla. La gran mayoría de la gente obtiene éxito fijándose objetivos y dedicándose al logro de los mismos.

El éxito no se logra sólo con cualidades especiales.
Es sobre todo un trabajo de constancia,
de método y de organización.

Mensajes para recordar

✓ Respeta el tiempo de los demás. Llama cuando estimes llegar más de 10 minutos tarde a una cita.

✓ Rodéate de personas más listas que tú.

✓ Aprende a mostrar alegría, aun cuando no estés de humor. Aprende a mostrar entusiasmo aun cuando no lo sientas.

✓ Cuida muy bien a los que amas.

✓ Mantén las cosas simples.

✓ Preocúpate por la calidad de tu vida y no por su longitud.

✓ Muestra diariamente a tu familia cuánto la quieres con tus palabras, tu trato y atenciones.

✓ Cuando enfrentes una tarea difícil, actúa como si fuera imposible fallar.

✓ Deja las cosas un poco mejor de lo que las encontraste.

✓ No esperes que el dinero te traiga la felicidad.

✓ Sin importar lo candente de una situación, mantente sereno.

✓ Nunca subestimes el poder de cambiarte a ti mismo.

✓ Nunca subestimes tu poder de cambiar a otros.

✓ Practica la empatía. Trata de ver las cosas desde el punto de vista de los demás.

✓ Mantente en forma.

✓ No te comprometas a más de lo que puedas lograr. Aprende a decir "no" en forma rápida y amable.

✓ Mantén tus expectativas altas.

✓ Acepta el dolor y la desilusión como parte de la vida.

✓ Juzga tu éxito por el grado en que disfrutes de paz, salud y amor.

✓ Aléjate de la envidia, es la fuente de mucha infelicidad.

✓ No digas que te falta tiempo, tienes exactamente el mismo numero de horas por día que las que recibieron Hellen Keller, Pasteur, Miguel Ángel, la madre Teresa, Leonardo da Vinci, Edison y Albert Einstein.

✓ No demores en actuar ante una buena idea. Existen posibilidades de que alguien más también la haya tenido. El éxito será para quien actúe primero.

✓ Recuerda que los ganadores hacen lo que los perdedores no quisieron llevar a cabo.

✓ Cuando llegues a tu trabajo en la mañana, deja que lo primero que digas ilumine el día para los demás.

✓ Revive las viejas amistades.

✓ En vez de utilizar la palabra *problema*, sustitúyela por la palabra *oportunidad*.

✓ Vuelve a leer tu libro favorito.

✓ Sé atrevido y tenaz. Cuando mires tu vida en retrospectiva, lamentarás más lo que no hiciste, que lo sí.

✓ Nunca desperdicies la oportunidad de expresar tu amor.

✓ Cuando las personas te necesiten, hazte presente.

✓ Debes saber cuándo guardar silencio y cuándo hablar.

✓ Busca la forma de superarte cada día en tu trabajo.

✓ Recuerda que nadie logra el éxito solo. Ten un corazón agradecido y sé rápido en reconocer a quienes te ayudaron.

SECRETO 13

OBTÉN LOS BENEFICIOS
DE SONREÍR

Comprende que pocas acciones cuestan tan poco y producen tantos beneficios como la de sonreír. Tu sonrisa sincera provocará la amabilidad y la simpatía de los demás, a la vez que mejorará tu salud física y mental.

Ejecutar el mero gesto físico de la sonrisa producirá, por sí sólo, efectos psicológicos favorables e inmediatos. Compruébalo: sonríe ahora mismo y siente la influencia que tiene esta sencilla mueca en tu estado anímico. Llámalo "gimnasia de la sonrisa". Puedes practicarlo cada mañana, y en cualquier otro momento de intimidad y relajación en el que necesites estimular tus pensamientos positivos.

Hoy sonreiré sinceramente cuanto pueda:
pues sé que mi sonrisa provoca una actitud
positiva en los demás y en mí mismo.

¿No sabes sonreír?

¿No tienes ganas de sonreír? Bien, ¿qué hacer? Dos cosas. Primero, esforzarse en sonreír. Si estás solo, silba, tararea o canta. Procede como si fueras feliz, y eso contribuirá a hacerte feliz. Veamos la forma en que lo expresó el extinto profesor William James:

"La acción parece seguir al sentimiento, pero en realidad la acción y el sentimiento van juntos; y si se regula la acción, que está bajo el control más directo de la voluntad, podemos regular el sentimiento, que no lo está". "De tal manera, el camino voluntario y soberano hacia la alegría, si perdemos dicha alegría, consiste en proceder con alegría, actuar y hablar con alegría, como si esa alegría estuviera ya con nosotros."

Todo mundo busca la felicidad y hay un medio seguro para encontrarla. Consiste en controlar nuestros pensamientos. La felicidad no depende de condiciones externas, sino de condiciones internas.

No es lo que tenemos o lo que somos o donde estamos o lo que hacemos, nada de eso es lo que nos hace felices o desgraciados. Es lo que pensamos acerca de todo ello. Por ejemplo, dos personas pueden estar en el mismo sitio, haciendo lo mismo; ambas pueden tener sumas iguales en dinero y en prestigio; sin embargo, una es feliz y la otra, no.

¿Por qué? Por una actitud mental diferente. He visto tantos semblantes felices entre peones chinos que trabajan y sudan en el agobiante calor por unos cuantos centavos al día, como los he visto entre los paseantes de la ciudad de México.

"Nada es bueno o malo —dijo Shakespeare—, sino que el pensamiento es lo que hace que las cosas sean buenas o malas."

Abraham Lincoln señaló una vez: "Casi todas las personas son tan felices como deciden serlo." Tenía razón. Hace poco conocí un notable ejemplo de esa verdad. Subía las escaleras de la estación de Long Island, en Nueva York. Frente a mí, treinta o cuarenta niños inválidos, con bastones y muletas, libraban con dificultad los escalones. Uno de ellos tenía que ser llevado en brazos. Me asombró la alegría y las risas de todos ellos, y hablé al respecto con uno de los hombres a cargo de los niños. "Ah, sí —me dijo— cuando un niño comprende que va a ser inválido, queda asombrado al principio, pero, después de transcurrido ese asombro, se resigna a su destino y llega a ser entrañablemente feliz."

SECRETO 14

DECIDE TU ESTADO
DE ÁNIMO

Comprende que tienes la libertad y el poder para decidir tu estado de ánimo. El estado de ánimo es una actitud mental, y como tal, puede inducirse, controlarse y corregirse. Nada ni nadie puede provocarte enojo, entristecerte o ponerte de mal humor si no permites que los pensamientos negativos se instalen en tu mente.

Debes adquirir el hábito de mantener un estado de ánimo positivo para que las personas que te rodean respondan con una actitud similar.

Impide que los acontecimientos negativos de cada día hagan mella en ti, evitando que los pensamientos de enojo, tristeza o mal humor se introduzcan en tu mente. No desperdicies tu tiempo recreándote en pensamientos negativos, deséchelos de inmediato y esfuérzate por mantener tu mente continuamente poblada de pensamientos positivos.

Puedes reforzar tu combate contra los estados de ánimo negativos mediante acciones firmes de sentido contrario; si te despiertas con tristeza, esfuérzate por pensar y actuar con más alegría de la habitual; si te despiertas con miedo, esfuézate por pensar y actuar con más valor del habitual.

Hoy mantendré un estado de ánimo positivo:
no dejaré que los pensamientos negativos se instalen en mi mente.
Los apartaré con determinación y me esforzaré
para tener mi mente siempre poblada de pensamientos positivos.

Los pensamientos
pueden transformar tu vida

La lección más trascendental que se puede aprender es la importancia de lo que pensamos. Son nuestros pensamientos los que nos hacen lo que somos. Nuestra actitud mental es el factor X que determina nuestro destino. El mayor problema que toda persona enfrenta es la elección de los pensamientos acertados.

Si somos capaces de esta elección, estamos en el camino que conduce a la solución de todos nuestros problemas. Si tenemos pensamientos felices, seremos felices. Si tenemos pensamientos temerosos, tendremos miedo. Si tenemos pensamientos enfermizos, nos vamos a enfermar. Si nos dedicamos a compadecernos, todo el mundo huirá de nosotros. Existe una gran diferencia entre inquietarse y preocuparse: la inquietud significa comprender los problemas y tomar con calma las medidas para solucionarlos. La preocupación significa dar vueltas enloquecedoras e inútiles a un asunto.

Piensa y actúa de forma optimista y te sentirás animado.

¿Aceptarías un millón
de dólares por lo que tienes?

Muchas veces nos agobiamos hasta el cansancio por las cosas que sentimos que no tenemos. Por ese trabajo que no conseguimos, por las deudas, por las metas no alcanzadas, por todo.

Sin embargo, esta frase resume todo: "Estaba afligido por no tener zapatos, hasta que vi a quien no tenía pies."

Aproximadamente 90% de las cosas de nuestras vidas están bien y 10% mal. Si queremos ser felices, todo lo que debemos hacer es concentrarnos en ese 90% que está bien, y pasar por alto ese 10% restante. Si queremos estar preocupados y acabar enfermos, todo lo que debemos hacer es concentrarnos en ese 10% que está mal y pasar por alto lo demás.

Puedes cambiar la percepción que tienes de tu vida, si dedicas unos minutos al día a fijar la atención en todas las increíbles riquezas que posees.

¿Venderías tus ojos por mil millones de dólares? ¿Qué estarías dispuesto a perder por tus piernas o manos? ¿Por tus hijos, por tu familia? Suma todas las partidas y verás que no venderías lo que posees por todo el oro que hayan acumulado los seres con más riquezas materiales del mundo. Debemos aprender a valorar lo que tenemos y dejar de preocuparnos por lo que no poseemos.

Encuentra la alegría haciendo feliz a los demás

Recuerda la enseñanza de Jesús: servir a los demás. Si el hombre ha de extraer algo de alegría de su paso, debe pensar en hacer las cosas mejores, no solamente para sí mismo, sino para los demás. Recuerda que tu propia alegría depende de la alegría de los demás y la de los demás de la tuya, ya que las emociones se contagian. Si hemos de hacer las cosas mejores para los demás, hagámoslo pronto. El tiempo pasa. Piensa: "pasaré por este camino sólo una vez; por lo tanto, cualquier bien que pueda hacer o cualquier afecto que pueda mostrar, debe ser hoy. No debo posponerlo o descuidarlo, porque no pasaré de nuevo por este camino". Si quieres eliminar la preocupación, cultivar la paz y la felicidad, olvídate de ti mismo interesándote en los demás. Haz cada día una buena acción que provoque una sonrisa en el rostro de alguien. Debes recordar: "cuando es bueno para los demás, es mejor para uno mismo".

SECRETO 15

TRABAJA CON ENTUSIASMO

Comprende que el trabajo es uno de los pilares de la vida feliz. Pocos aprecian hasta qué punto la felicidad depende de que tengan una ocupación y no pasen el día de ociosos, pero la mayoría reconoce que el fruto derivado del duro esfuerzo es de los más dulces placeres.

Más de 50% de nuestro tiempo nos la pasamos trabajando, por lo que es muy importante disfrutarlo y conseguir que todos los minutos que dedicamos a nuestra tarea sean de vida feliz. ¿Cómo hacerlo? Aplicando los hábitos del pensamiento positivo en la tarea y sobre las personas con las que debes relacionarte.

Comprende que cualquier tarea puede ser apasionante si se hace con amor, con actitud positiva, con entusiasmo y con el convencimiento de que desempeñarla lo mejor posible nos acerca más a la consecución de nuestros sueños, a la vez que incrementa nuestra autoestima y el aprecio de las personas que nos rodean.

Comprende que ninguna tarea es abrumadora si tienes la habilidad de dividirla en pequeñas partes y concentras todos tus esfuerzos y pensamientos en resolver positivamente una parte a la vez, y después la siguiente y la siguiente, etc. Comprende que sólo se trata de una pequeña y simple tarea cada vez.

Ten paciencia y humildad en tu carrera profesional. Consiguiendo buenos resultados en los pequeños trabajos ganarás el privilegio de llegar a los grandes trabajos que te acercarán cada vez más a tus sueños.

Hoy trabajaré con entusiasmo: con amor, actitud positiva y el convencimiento de que hacer mi labor lo mejor posible me acerca más a la consecución de mis sueños, incrementa mi autoestima y el aprecio de las personas que me rodean.

El árbol de los problemas

Lo más importante en esta vida es darnos una pausa ante los problemas, no para que crezcan, sino para resolverlos con mayor tranquilidad.

El carpintero que había contratado para ayudarme a reparar una vieja granja, acababa de finalizar un duro primer día de trabajo. Su cortadora eléctrica se dañó y lo hizo perder una hora de trabajo y ahora su antiguo camión se niega a arrancar.

Mientras lo llevaba a casa, iba en silencio. Una vez que llegamos, me invitó a conocer a su familia. Mientras nos dirigíamos a la puerta, se detuvo un momento frente a un pequeño árbol, tocando las puntas de las ramas con ambas manos. Cuando se abrió la puerta, ocurrió una sorprendente transformación. Su bronceada cara estaba plena de sonrisas. Abrazó a sus dos pequeñas hijas y le dio un beso a su esposa.

Posteriormente, me acompañó hasta el carro. Cuando pasamos cerca del árbol, sentí curiosidad y le pregunté acerca de lo que lo había visto hacer un rato antes.

"Ése es mi árbol de problemas", contestó.

"Sé que yo no puedo evitar tener problemas en el trabajo, pero una cosa es segura: ellos no pertenecen a la casa ni a mi esposa ni a mis hijas. Así que simplemente los cuelgo en el árbol cada noche cuando llego. Y en la mañana los recojo otra vez."

"Lo divertido es —comentó sonriendo— que, cuando salgo en la mañana a recogerlos, no hay tantos como los que recuerdo haber colgado la noche anterior."

SECRETO 16

TRABAJA MÁS
DE LO QUE ESPERAN DE TI

Comprende que la clave del éxito en tu trabajo es hacer más de lo que esperan de ti, más de lo que esperan obtener por el salario que te pagan.

Lleva a cabo tu trabajo con la mayor calidad posible. Dedica siempre un poco más de esfuerzo y tiempo en la tarea que lo estipulado en tu contrato.

Y no permitas que se introduzcan en tu mente los pensamientos negativos de los que posiblemente se burlen de ti por trabajar de esa forma. No te sientas explotado, injustamente tratando, porque sabes que trabajando así conseguirás progresar profesionalmente, incrementar tu autoestima y lograr transformar tus sueños en realidad.

Hoy trabajaré más de lo que esperan de mí:
y no permitiré que me afecten los pensamientos negativos,
porque sé que trabajar de este modo me hará progresar.

¿Cómo es tu actitud?

¿Puedes recordar el entusiasmo que demostraste la primera semana en tu trabajo? ¿Lo duro que intentaste? ¿Lo ansioso que estabas por cumplir? ¿Todavía tienes esa magnífica actitud de cooperación? Si es así, apostamos que hoy eres uno de los empleados ejemplo de tu compañía. Lo sentimos por aquellas personas que han perdido su entusiasmo. Sin darse cuenta, se han convertido en sus peores enemigos. ¿Qué ocurre con ese preciado entusiasmo inicial?

Los flojos sin ambición lo abandonan, claro, en cuanto sienten que han asegurado su trabajo. En cuanto descubren lo poco que tienen que aportar para "pasarla".

Otros se dejan disuadir de ello. Hasta en las mejores compañías, siempre hay por lo menos un alma amargada que no puede esperar a entrar y desilusionar a cada nuevo empleado que aparece en escena. ¿Por qué? Dicen que a la miseria le encanta tener compañía. Odian ver a cualquiera que encuentre la felicidad donde ellos no han podido.

Pero la tragedia es el número de personas que pierden su entusiasmo porque se descorazonan. Recompensas, reconocimientos y promociones no parecen ser lo suficientemente rápidas —alguien más es el que recibe todo—. Comienzan a perder esperanzas... su entusiasmo se debilita... su desempeño decae... y sus expectativas del futuro junto con ellos. Es una vieja historia, dolorosamente repetida una y otra vez. Expone un punto muy importante: ¿qué viene primero: el entusiasmo o el éxito? ¿Será que la gente es exitosa porque es entusiasta, o son entusiastas porque han sido exitosos?

Como el huevo y la gallina, el entusiasmo y el éxito parecen ir juntos. No puedes tener el uno sin el otro. Si esperas tener éxito en este mundo, pule tu entusiasmo y no lo dejes ir. No dejes que nada ni nadie te lo quite. Al contrario de una obra de Broadway, nadie tiene éxito sin intentar verdaderamente. La persona que siga intentando, a pesar de las desilusiones y fracasos repetidos, no podrá evitar lograr el éxito.

Cuando alguien te dice que este tipo de pensamientos son cursis, fíjate bien en quién lo hace: ¿qué tanto éxito ha tenido? ¿Y cuánta credibilidad le puedes dar a su opinión respecto del éxito si nunca ha estado ahí? Aquellos que han hecho el viaje, saben que el entusiasmo es la llave que abre puertas.

Estudia la carrera de cualquier persona sobresaliente y exitosa y encontrarás su lucha para mantener el entusiasmo ante las desilusiones y los fracasos. Cada uno de nosotros tenemos obstáculos similares que sobrepasar. Semana a semana, mes a mes, enfrentamos fracasos y desilusiones, pequeñas y grandes, donde la única solución es apretar los dientes y volver a intentar.

¡Vamos! Muchos de nosotros tendemos a sobrepasar los beneficios y ventajas a las que ya nos acostumbramos en nuestro trabajo. A veces nos consienten tanto que no reconocemos algo bueno cuando lo vemos. Todo trabajo y toda compañía tienen sus ventajas y desventajas, beneficios e impedimentos. Comienza a contar tus bendiciones en lugar de tus quejas. El hombre que no lo haga, jamás estará feliz en ningún lado bajo ninguna circunstancia. La mitad de nuestras horas despiertos, la pasamos en el trabajo, ¿por qué no adoptar una actitud que te ayude a disfrutarlo? ¿Realmente tiene algún sentido tener cualquier otra?

Mensajes para recordar

✓ Ya sea un caballo o la vida quien te tire, vuélvete a montar.

✓ De vez en cuando, pregúntate esto: si no importara el dinero, ¿qué estaría yo haciendo?

✓ Alienta a quien intenta mejorar física, mental o espiritualmente.

✓ Nunca te avergüences de tu patriotismo.

✓ No confíes en tu memoria: escríbelo.

✓ Juzga tu éxito por aquello a lo que debes renunciar para lograrlo.

✓ Viaja. Visita lugares nuevos, pero recuerda llevar siempre la mente despierta.

✓ En el momento en que los amigos te ofrezcan ayuda, acéptala.

✓ Agradece un regalo por pequeño que sea.

✓ Persevera. Sostenerte sólo un segundo más que tu competidor te hará el ganador.

✓ Prepárate mejor de lo que consideres necesario.

- ✓ Compra una cámara fotográfica y llévala a dondequiera.
- ✓ La preocupación es una almohada dura. Cuando algo te inquiete antes de dormir, anota tres cosas que puedas hacer al día siguiente para ayudarte a resolver el problema.
- ✓ Independientemente de la situación, reacciona con clase.
- ✓ Alguien siempre pensará en ti como motivo de ejemplo. No lo defraudes.
- ✓ Sigue tu propia estrella.
- ✓ Recuerda a quienes te aman.
- ✓ Cada día, di algo positivo lo más temprano que puedas.
- ✓ Cree en los milagros, pero no dependas de ellos.
- ✓ Sea cual fuere tu situación, recuerda que no se pierde nada si usas la cortesía.
- ✓ Goza de la satisfacción que proviene de hacer bien las cosas.
- ✓ No olvides que, en última instancia, somos juzgados por lo que damos y no por lo que recibimos.
- ✓ No trabajes para obtener reconocimiento, pero desempeña una labor que lo amerite.
- ✓ Comparte tu conocimiento y experiencia.
- ✓ Sé caritativo con lo que dices, lo que haces y lo que juzgas.
- ✓ Trabaja para una compañía en la que se espere mucho de ti.
- ✓ Recuerda que con una palabra amable puedes llegar muy lejos.
- ✓ Sé entusiasta con tus expresiones de gratitud y afecto.
- ✓ Alcanza el éxito ayudando a los demás y no a costa de ellos.
- ✓ Para luchar contra la depresión, intenta hacer ejercicio.
- ✓ Usa el doble de tiempo en hacer cumplidos del que utilizas para criticar.
- ✓ Recuerda el credo de Walt Disney: "Piensa, cree, sueña y atrévete."
- ✓ Lo que tengas que hacer, hazlo de todo corazón.
- ✓ Encuentra un trabajo que te guste y ponle todo tu entusiasmo.
- ✓ Nunca olvides que basta una persona o una idea para cambiar tu vida para siempre.
- ✓ Busca la oportunidad que esté escondida en cada desventura.
- ✓ Cada semana, intenta añadir un nuevo nombre a tu agenda.

SECRETO 17

TÓMATE TIEMPO
PARA DESCANSAR

Dedica todos los días el tiempo suficiente para descansar y para atender las necesidades de aprecio y amor de tus seres queridos.

Comprende que no hay nada en el mundo comparable al amor de tus seres queridos, y que debes evitar firmemente todo lo que pueda dañar ese amor.

Esfuérzate por ser un buen modelo para las personas que te rodean, compartiendo con ellas las virtudes del pensamiento positivo.

Hoy descansaré con mi familia: dedicaré el tiempo suficiente para reposar y para atender las necesidades de aprecio y amor de los míos.

Sólo por hoy

Sólo por hoy seré feliz.
¡La mayoría de las
personas son tan felices
cuando deciden serlo!
La felicidad es algo interior;
no viene de afuera.
Sólo por hoy me ajustaré
a lo que es y no trataré de
ajustar las cosas a mis
propios deseos. Aceptaré

a mi familia, a mis negocios
y la casualidad como son
y procuraré armonizar
en ellos.

Sólo por hoy cuidaré
de mi organismo. Lo
ejercitaré, lo atenderé, lo
alimentaré, no abusaré de
él ni lo abandonaré, para
que así sea un perfecto
instrumento, capaz de
realizar todos mis
propósitos.

Sólo por hoy vigorizaré
mi espíritu. Aprenderé algo
útil, leeré algo que
requiera esfuerzo
y meditación.

Sólo por hoy ejercitaré
mi alma de tres modos:
haré a alguien un bien sin
que lo descubra, y realizaré
dos acciones que no me
agraden hacer para sentirme
más justo y más digno.

Sólo por hoy seré
agradable, tendré el mejor
aspecto posible, me vestiré
con la mayor corrección,
hablaré en voz baja, me
mostraré cortés, seré
generoso en la alabanza.

Sólo por hoy a nadie
criticaré. No encontraré

defectos en nada, y no
intentaré dirigir ni
enmendar los planes de los
demás.

Sólo por hoy trataré de
vivir únicamente este día,
sin abordar a la vez todo el
problema de la vida. Puedo
hacer en doce horas cosas
que me espantaría si
tuviera que hacerlas
durante toda mi vida.
Sólo por hoy tendré un
programa, consignaré por
escrito lo que espero hacer
cada hora, eliminaré tres
plagas: la prisa, la
impuntualidad y la
indecisión.

Sólo por hoy tendré
media hora tranquila de
soledad y descanso; en esta
media hora, pensaré en la
perfección, con el fin de
procurar aproximarme a ella.

Sólo por hoy no tendré
miedo y, especialmente, no
lo tendré de ser feliz, de
disfrutar de lo bello, de
amar y de creer que los
que amo me aman también.

Frank Crane

SECRETO 18

AUMENTA TU PODER INNATO

Existen dos maneras básicas de tratar de conseguir lo que quieres en la vida, ya se trate de dinero, amor, oportunidades o negocios:

a) Decides tu objetivo y vas tras él.

b) Atraes hacia ti tu objetivo.

Nos han enseñado a utilizar el primer método, pero con frecuencia no funciona. Terminamos intentando forzar las cosas para que nuestros objetivos se cumplan. Esto puede acabar en una frustración innecesaria, estresante y malsana.

La gente da distintos nombres a la atracción, casualidad, azar, buena suerte, buenos contactos; la verdad es que, todos podemos crearnos, sistemáticamente, una vida feliz y llena de éxito, eliminando nuestras "fugas de energía" y dedicándonos a actividades placenteras que nos ayuden a recuperarla, creando el espacio adecuado para que las oportunidades se presenten en nuestra vida.

La mayoría de nosotros no confiamos en nuestra propia capacidad para atraer el éxito. Cuando aparece algo bueno, lo atribuimos a la suerte o a la casualidad. Si nos sentimos bien como personas, hacemos un trabajo satisfactorio y tenemos la sensación de plenitud en nuestra vida, es natural que atraigamos el éxito. El problema es que muchas cosas nos impiden sentirnos bien y en buena forma.

El proceso para lograr atraer lo que deseas es muy sencillo, se reduce a lo básico: la energía. Einstein demostró que la materia es energía. Un escritorio de sólido roble es en su mayor parte un espacio vacío donde los átomos se mueven a gran velocidad. Podemos hacer cosas que nos consumen energía o cosas que nos la aportan. Cuanta más energía tengas, más potente y fuerte serás. Las personas llenas de energía y vitalidad, que hacen lo que aman, se realizan plenamente y tienen éxito en lo que emprenden. Piensa en Gandhi, Obama o cualquier otra persona que haya salido adelante en su objetivo, a pesar de la adversidad presente, ellos son la personificación de la capacidad que todos tenemos de atraer lo que deseamos, tanto para nosotros como para el mundo.

Existe una vitalidad, una fuerza vital, una energía, una manera de moverse que se transmite gracias a los actos. Dado que nunca ha existido otra persona como tú, porque cada uno de nosotros es único, tu manera de expresarte es también única y original. Si la bloqueas, nunca podrá existir y se perderá, puesto que tú eres el único medio a través del cual puede expresarse.

La gente fuerte tiene la habilidad de conseguir lo que quiere, de atraer buenas oportunidades y riqueza, y a otras personas. Su influencia es amplia y deja huella en los demás. Todos gozamos de cierto grado de poder, y todos podemos incrementarlo para tener mayor cantidad de energía a nuestra disposición. La fórmula es muy sencilla: aumentar tu poder innato, eliminar todo aquello que te absorba la energía e incorporar todo lo que te la dé. El punto de partida consiste en reducir drásticamente el número de cosas que te distraen y absorben tu energía, para reemplazarlas por otras fuentes de energía positiva y enriquecedora. Es aquí donde pondrás tu vida en forma, eliminarás tus malos hábitos y aprenderás a protegerte de las personas y los comentarios desagradables. Éstas son las bases que necesitas para aumentar tu poder de un modo natural y atraer el éxito que deseas en todos los aspectos de tu vida. Pero antes de poder imaginar lo que realmente te haría feliz, necesitas aprender a manejar las situaciones básicas de tu vida.

Comienza por dar más energía a tu vida eliminando todo aquello que has estado tolerando. Es posible que el hecho de limpiar tu escritorio u ordenar tu clóset no sean tareas muy seductoras, pero actividades así suelen ser el primer paso para conseguir lo que en verdad deseas.

30 consejos infalibles para mejorar tu desempeño laboral

1. Llévale soluciones a tu jefe, no problemas.

2. Sé un ejemplo a seguir para tus compañeros de trabajo.

3. Evalúa tu desempeño diario y mejóralo.

4. No abuses del teléfono ni del chat.

5. Ten una actitud positiva hacia tu trabajo.

6. Demuestra iniciativa.

7. Enfócate en tu trabajo y evita perder el tiempo.

8. Aprende a tomar decisiones y a resolver problemas.

9. Sé agradecido con quienes te ayudan.

10. Adáptate al cambio.

11. Controla tus emociones.

12. Conviértete en maestro de tus compañeros.

13. Demuestra sentido del humor.

14. Establece metas claras e importantes.

15. Da prioridad a las solicitudes de tu jefe.

16. Ve tu trabajo como una fuente de superación.

17. Usa una agenda.

18. Aprende a elaborar presentaciones.

19. Sé innovador y siempre está a la caza de ideas.

20. Aprende otro idioma.

21. Aprende a trabajar en equipo y pide ayuda.

22. Lee, toma cursos o escucha audiolibros.

23. Conoce los procesos de producción de tu empresa.

24. Siempre lleva la información a las juntas.

25. Aprende a vender tu trabajo mostrando tus logros.

26. Haz una red de contactos.

27. Cuida lo que dices, evita hablar mal de tus compañeros.

28. Anota un listado de tus fortalezas y aplícalas.

29. Aprende del experto utilizando la tecnología de lo obvio; es decir, si deseas ser bueno para algo, debes identificar quién ya es bueno para ello, para aprender del mejor, igualar al mejor y superar al mejor.

30. Lucha cada día para conseguir la satisfacción de tus clientes.

SECRETO 19

ELIMINA TODAS LAS PEQUEÑAS MOLESTIAS

Si tienes la seria intención de salir de la crisis para realizarte plenamente, comienza por eliminar todo lo que soportas en tu vida cotidiana, todas esas molestias que toleras, mínimas pero fastidiosas. Es posible que toleres un sinnúmero de pequeñeces, como puede ser la bandeja llena de papeles desordenados en tu escritorio, hacer la declaración de impuestos o el desorden en alguna de las habitaciones de tu casa. Y cada vez piensas: "Tengo que corregirlo". Quizás toleras cosas más importantes. Por ejemplo, la costumbre típica de tu mejor amigo o tu mejor amiga de llegar siempre tarde, o inclusive, faltar a las citas. También, puede ser una cuestión relacionada con tu trabajo, como, por ejemplo, un jefe difícil de soportar, que te agobia. O bien, toleras tus propias malas costumbres, como comerte las uñas o el gran desorden que hace que te resulte muy complicado encontrar los documentos cuando más los necesitas. Podría ser que te moleste la contaminación de la ciudad, el hecho de que tu coche esté en mal estado o vivir lejos de tu trabajo y tener que hacer diariamente un recorrido muy largo.

Esa infinidad de cosas que toleras te absorben energía, crean irritabilidad y te agotan. Es muy difícil tener éxito en lo que sea si se soportan demasiadas cosas fastidiosas. La mayor parte de las personas toleran entre sesenta y cien de estas cosas. Para eliminarlas, comienza por anotar todo aquello que te molesta. Haz una lista. No sirve hacerla mentalmente; debes escribirla para que todas las molestias salgan de tu mente y permanezcan en papel. Luego, llama a una amiga o amigo y proponle que haga lo mismo que tú, que te acompañe en el proceso, pero cada quien en su casa.

Tómate todo un sábado o un domingo para empezar a trabajar en tu lista. Escoge algo que puedas hacer en un día. Si tu ánimo decae o pierdes energía, llama a tu amigo o amiga para motivarte y para compartir sus progresos. Fija un plazo. Después de ese día de trabajo, consiéntete. Vete a cenar fuera y al cine. No podrás terminar con la lista en un sólo día; si tus molestias no surgieron de la noche a la mañana, no esperes resolverlas en ese tiempo. Necesitarás de un periodo de entre uno y tres meses. Establece con tu amigo o amiga una especie de premio para quien elimine la mayor cantidad de cosas. Por ejemplo, el que pierda invita a cenar al que gane. Los pequeños inconvenientes absorben tu energía y reducen tu capacidad innata para atraer el éxito. No los soportes; simplemente, elimínalos de tu vida. En cuanto a aquellas cosas que te parecen imposibles de solucionar —como tu jefe o el largo desplazamiento al trabajo—, ponlas en una lista aparte y, por el momento, no pienses en ellas. Con el tiempo se resolverán.

Algunas personas se sientan a redactar su lista y tienen serias dificultades para comenzar. En 99% de los casos, no se debe a la inexistencia de elementos molestos en su vida. Han llegado a un grado de insensibilidad tal, que ni siquiera pueden verlos. Una vez que logres eliminar uno, aparecerá otro que ni siquiera suponías que tolerabas. A veces, establecer categorías simplifica mucho el trabajo. ¿Qué es lo que toleras en tu trabajo, en tu hogar, de tus amigos y tu familia, de tu mascota, de tu cuerpo y en tus propios hábitos?

El siguiente paso es juntar ese cúmulo de situaciones que toleras y ver qué puedes hacer para eliminar la mayoría de una sola vez.

Una vez que hayas terminado de escribir la lista de cosas que te molestan, es posible que tengas la impresión de que algunas están más allá de tu control y no sabes cómo eliminarlas. No te preocupes, déjalas en la lista y ocúpate de las que puedas resolver.

Comprobarás que, si redactas tu lista, la guardas en un cajón y un mes más tarde vuelves a mirarla, algunas de estas dificultades se habrán resuelto sin que hayas hecho esfuerzo alguno. De modo que, sea como sea, no dejes de escribirla.

Si yo cambiara...

✓ Si yo cambiara mi manera de pensar hacia otros, me sentiría más sereno.

✓ Si yo cambiara mi manera de actuar ante los demás, los haría felices.

✓ Si yo aceptara a todos como son, sufriría menos.

✓ Si yo me aceptara tal y como soy, quitándome mis defectos, ¡cuánto mejoraría mi hogar y mi ambiente!

✓ Si yo comprendiera plenamente mis errores, sería feliz.

✓ Si yo encontrara lo positivo en todos, la vida sería digna de ser vivida.

✓ Si yo amara al mundo... lo cambiaría.

✓ Si yo me diera cuenta de que al lastimar, el primer lastimado soy yo...

✓ Si yo criticara menos y amara más...

✓ Si yo cambiara... cambiaría al mundo...

Ana María Rabatte

SECRETO 20

SUPRIME LOS ESCAPES DE ENERGÍA

Una vez que hayas comenzado a eliminar lo que te fastidia, comprobarás que esas pequeñas cosas molestas te absorben una enorme cantidad de energía. Es algo comparable al zumbido del aire acondicionado: no te das cuenta hasta que lo apagas. Muchas cosas consumen nuestra preciosa energía sin que ni siquiera tengamos conciencia de ello. Pongamos por ejemplo la televisión, ¿cuándo fue la última vez que, después de mirar un programa, te sentiste con energía y vitalidad? También la prensa amarillista consume tu energía con habladurías y otras noticias negativas.

El tipo de relación exigente, propia de las personas demasiado necesitadas de atención o afecto, toma una cantidad desmedida de tu tiempo y de tu energía. Sucede lo mismo con cualquier adicción, ya sea al cigarro, al azúcar, a ir de compras, a los juegos de video, a la cafeína, a las apuestas, al chocolate, a la televisión o al sexo; recuerda que cualquier exceso que tengas en alguna actividad se puede transformar en una adicción.

¿Cuáles son los seductores escapes de energía que hay en tu vida? No dejes que la timidez te impida buscar la ayuda necesaria para liberarte de ellos. Existe todo tipo de programas excelentes de ayuda en 12 pasos para las personas que desean superar sus adicciones: para los problemas de codependencia, para los alcohólicos y para sus familiares, para las personas que comen compulsivamente, etc. Hay soluciones para todos. Busca el apoyo que te haga falta con el fin de eliminar esta pérdida de energía de una vez y para siempre. Si piensas que puedes arreglártelas solo con tus adicciones, haz una lista y elimina una por una cada mes hasta que te liberes de todas ellas.

La elección de vivir

Juan era el tipo de persona que te encantaría odiar. Siempre estaba de buen humor y siempre tenía algo positivo que decir. Cuando alguien le preguntaba como le iba, él respondía: "Si pudiera estar mejor, tendría un gemelo." Era un gerente especial porque tenía varias meseras que lo habían seguido de restaurante en restaurante. La razón porque las meseras seguían a Juan era por su actitud: era un motivador natural; si un empleado tenía un mal día, Juan estaba ahí para decirle cómo ver el lado positivo de la situación.

Ver este estilo realmente me causó curiosidad, así que un día fui a buscar a Juan y le dije: "No lo entiendo. No es posible ser una persona positiva todo el tiempo. ¿Cómo lo haces?" Juan respondió: "Cada mañana me despierto, saludo a Dios con una oración, le doy gracias por permitirme estar vivo un día más y me digo a mí mismo: 'Juan, tienes dos opciones hoy: puedes escoger estar de buen humor o puedes elegir estar de mal humor'. Escojo estar de buen humor. Cada vez que sucede algo malo, puedo elegir entre ser una victima o aprender de ello. Escojo aprender de ello.

Cada vez que viene alguien a mí para quejarse, puedo aceptar su queja o puedo señalarle el lado positivo de la vida. Escojo el lado positivo de la vida."

"Sí, claro, pero no es tan fácil", protesté. "Sí lo es —replicó—. Todo en la vida es acerca de elecciones. Cuando quitas todo lo demás, cada situación es una elección. Tú eliges cómo la gente afectará tu estado de ánimo. Tú eliges estar de buen humor o mal humor. En resumen, tú eliges cómo vivir la vida. Dios nos concedió ese don."

Reflexioné en lo que me dijo Juan. Poco tiempo después, dejé la industria de restaurantes para iniciar mi propio negocio. Perdimos contacto, pero con frecuencia pensaba en Juan cuando tenía que hacer una elección en la vida en lugar de reaccionar a ella. Varios años más tarde, me enteré que Juan hizo algo que nunca debe hacerse en un negocio de restaurante. Dejó la puerta de atrás abierta una mañana y fue asaltado por tres ladrones armados. Mientras trataba de abrir la caja fuerte, su mano temblando por el nerviosismo, resbaló de la combinación. Los asaltantes sintieron pánico y le dispararon.

Con mucha suerte, Juan fue encontrado relativamente pronto y llevado de emergencia a una clínica. Después de 18 horas de cirugía y semanas de terapia intensiva, Juan fue dado de alta aún con fragmentos de bala en su cuerpo. Me encontré con él seis meses después del accidente y cuando le pregunté cómo estaba, me respondió: "Si pudiera estar mejor, tendría un gemelo".

Le pregunté que pasó por su mente en el momento del asalto. Contestó: "Lo primero que me vino a la mente fue que debí haber cerrado con llave la puerta de atrás. Cuando estaba tirado en el piso recordé que tenía dos opciones: podía elegir vivir o podía elegir morir. Elegí vivir." "No sentiste miedo", le pregunté. Juan continuó: "Los médicos fueron geniales. No dejaban de decirme que iba a estar bien. Pero cuando me llevaron al quirófano y observé las expresiones en su cara, realmente me asusté… podía leer en sus ojos: 'es hombre muerto'. Supe entonces que debía tomar acción."

"¿Qué hiciste?", pregunté. "Bueno, primero di gracias a Dios porque hasta ese momento me había dejado vivir y le dije: 'Quiero seguir viviendo, pero que se haga tu voluntad, no la mía.' Luego, uno de los médicos me preguntó si era alérgico a algo y respirando profundo grité: 'Sí, a las balas'. Mientras reía les dije: 'Estoy escogiendo vivir… opérenme como si estuviera vivo, no muerto y no se preocupen, Dios decide el resto.'"

Juan vivió, sin lugar a duda, gracias a Dios, Él les dio maestría a los médicos para no fallar en la operación… y la asombrosa actitud y decisión de Juan fue crucial.

¡Caer está permitido. Levantarse es obligatorio!

SECRETO 21

CRÉATE DIEZ HÁBITOS DIARIOS

La mayoría de nosotros poseemos algunos malos hábitos que en realidad no nos aportan ningún tipo de alimento intelectual ni afectivo ni nos hacen sentir más seguros de nosotros mismos. Es posible que hayan pasado de ser un hábito a convertirse en una adicción. Los expertos opinan que, para cortar con una costumbre, hay que reemplazarla por otra distinta. De otro modo, se volvería a caer en la misma situación anterior. Lo ideal es que quieras reemplazar un mal hábito por uno bueno, esto es, por uno que te aporte mayor energía en lugar de consumirla.

¿Cuáles son las diez cosas de las que disfrutas que te gustaría hacer a diario? Quizá quieras disponer de un cuarto de hora de sosiego para planificar tus actividades del día o para pensar en algo creativo. ¿Un descanso de diez minutos al llegar a casa después del trabajo para olvidarte un poco de los problemas? O, en lugar de conducir, quizá te gustaría ir al trabajo en transporte público. A medio día, trata de comer en un parque o bajo un árbol, en lugar de ir a una cafetería. O bien, llévate comida de casa, en lugar de comprarla o de comer en un restaurante de comida rápida. Trata de ir a dormir una hora más temprano y de levantarte una hora antes de lo acostumbrado. No se trata de encontrar nuevos hábitos que veas como una obligación, sino algo de lo que disfrutes, que realmente te agrade hacer. Cada persona es distinta y su elección será personal.

Mi lista de diez hábitos terminó siendo una combinación de algunas cosas divertidas y otras que sabía que necesitaba hacer a diario:

1. Hacer 30 minutos de ejercicio.
2. Limpiar mis dientes con hilo dental todos los días.
3. Llamar diariamente a un amigo o enviar una nota de agradecimiento.
4. Comer por lo menos una fruta fresca.
5. Hacer algo para consentirme todos los días (comprar una revista, pasear por el parque, ir al vapor, comprar un ramo de flores).
6. Tomar vitamina C y un complejo vitamínico (es muy fácil).
7. Leer 30 minutos diarios.
8. Decirle a alguien: "Te quiero".
9. Cada mañana, antes de comenzar mis labores, dedicar un cuarto de hora a planificar mi día.
10. Ordenar mi escritorio todos los días antes de ir a casa.

Una buena idea en caso de que tengas problemas para abandonar un hábito perjudicial o para establecer uno bueno, es llevar un registro de tus progresos y colocarlo en un lugar visible. El sistema que utilices no tiene gran importancia, pero necesitas algunos elementos visuales para no perder de vista tus objetivos.

Mensajes para recordar

✓ Exígete la misma calidad humana que esperas de los demás.

✓ Libra una guerra contra la indecisión.

✓ Cuando necesites pedirle disculpas a alguien, hazlo en persona.

✓ Acaba los proyectos antes de la fecha de entrega.

✓ Sé feliz con lo que tienes, mientras trabajas para obtener lo que quieres.

✓ No olvides que un par de palabras de elogio o aliento pueden iluminar el día de una persona.

✓ Detente y levanta la vista cuando alguien se acerque a tu escritorio.

✓ Recuerda que las palabras crueles lastiman mucho y que las palabras cariñosas cierran heridas con rapidez.

✓ Ten una libreta especial. Cada noche, antes de acostarte, escribe algo bello que hayas visto durante el día.

✓ Recuerda que un minuto de enojo te quita 60 segundos de felicidad.

✓ Para lograr que tus hijos lleguen a ser personas de provecho, pasa con ellos el doble de tiempo y gasta en ellos la mitad del dinero.

✓ Haz algo cada día para mantener tu buena salud.

✓ Recuerda que el éxito en el futuro comienza en este momento.

✓ Nunca abandones un sueño por el solo hecho de que tomará mucho tiempo, pues éste pasa de todas maneras.

✓ Pregúntale a tu jefe qué es lo que espera de ti.

✓ Nunca olvides la deuda que tienes con quienes te han ayudado.

✓ Sé innovador, apasionado y comprométete.

✓ Cuando alguien te caiga bien en verdad, díselo, pues quizá ésa será la única oportunidad que tengas.

✓ Cuando necesites hacer algo, pídele a una persona activa que te ayude.

✓ Aunque sea una vez en la vida, pinta un cuadro.

✓ Pregúntate si lo que estás haciendo hoy te acerca al lugar en el que quieres estar mañana.

✓ No esperes resultados diferentes del mismo comportamiento.

✓ Pasa más tiempo con personas positivas y con suerte.

✓ Recuerda que nunca se logró algo importante sin antes haber corrido el riesgo.

✓ Nunca te resistas a un impulso de generosidad.

✓ Recuerda que la riqueza no es tener todo el dinero que quieres, sino todo el dinero que necesitas.

✓ No vivas con los frenos puestos.

SECRETO 22

MEJORA TU ACTITUD

La mayoría de las veces, aquello que nos parece detestable, doloroso o dañino, es una fuente de belleza, dicha y fuerza, si lo encaramos con la mente abierta. Cada momento es oro para quien tiene la capacidad de reconocerlo. Recuerda que lo que no nos mata, nos hace más fuertes, ya que nos hace evolucionar, mejorar y crecer como personas.

Es fácil tener una actitud positiva si comprendes que todo tiene su lado bueno, incluso lo más desagradable. Para apreciar lo bueno de la vida en toda su plenitud, tenemos que experimentar también su opuesto. Veamos, por ejemplo, la felicidad. Si nunca sintieras tristeza, ¿sería la dicha tan maravillosa? Si el mal no existiese, no podrías escoger el bien. Si sólo tuviésemos días soleados, los daríamos por descontados. Cuando llueve, apreciamos los deliciosos días de sol.

En cierto sentido, entonces, todas las cosas son buenas. Necesitas el mal para conocer el bien. Necesitas la cólera para saber lo que es la serenidad. Desde que comprendí esto, supuse de un modo natural que todo en el mundo tenía esa visión de las cosas, de acuerdo con nuestra percepción de las mismas. Ver el lado positivo de las cosas y de las personas que nos rodean tiene numerosas ventajas:

- En lugar de quejarte, aprovecharás los buenos aspectos de la situación.
- No te quedarás mucho tiempo en esa mala situación porque no te resistirás a ella.
- Aquello a lo que te resistes, persiste. Por lo tanto, simplemente te pondrás en acción.

- Aceptarás mejor las emociones que experimentas. Cuando estés triste, vivirás plenamente tu tristeza. Cuando te enfades, vivirás ese enfado. Cuando te sientas feliz, vivirás esa felicidad.
- No tenderás a emitir demasiados juicios críticos sobre los acontecimientos. La vida es la vida. Se trata sólo de algo que está pasando. Todo lo que sucede es instructivo de una manera u otra. Forma parte de la totalidad de la experiencia vital. En un mundo donde nadie enfermase jamás, no podríamos apreciar la salud. Todos lo tomaríamos como algo normal. Quizá lo malo sucede para que puedas agradecer lo bueno.

En cualquier caso, las personas optimistas tienden a ser más felices y a tener más éxito en la vida. ¿Por qué no darle una oportunidad al optimismo? Comienza a ver lo bueno en todo aquello que aparentemente es tan negativo. Tómatelo como un reto.

Baila como
si nadie te estuviera viendo

Nos convencemos a nosotros mismos de que la vida será mejor después de casarnos, después de tener un hijo, y entonces después de tener otro. Entonces, nos sentimos desilusionados porque los hijos no son lo suficientemente grandes y pensamos que seremos más felices cuando lo sean. Después de eso, nos frustramos porque son adolescentes (difíciles de tratar). Ciertamente seremos más felices cuando salgan de esta etapa. Nos decimos que nuestra vida estará completa cuando a nuestro cónyuge le vaya mejor, cuando tengamos un mejor carro o una mejor casa, cuando nos podamos ir de vacaciones, cuando estemos retirados. La verdad es que no hay mejor momento para ser felices que ahora. Si no es ahora, ¿cuándo?

Tu vida siempre estará llena de retos. Es mejor admitirlo y decidir ser felices de todas formas. Una de mis frases favoritas es de Alfred D. Souza: "Por largo tiempo parecía para mí que la vida estaba a punto de comenzar —la vida de verdad—. Pero siempre había algún obstáculo en el camino, algo que resolver primero, algún asunto sin terminar, tiempo por pasar, una deuda que pagar. Entonces, la vida comenzaría. Hasta que me di cuenta de que estos obstáculos eran mi vida". Esta perspectiva me ha ayudado a ver que no hay un camino a la felicidad. La felicidad *es* el camino. Así que, atesora cada momento que tienes, y atesóralo más cuando lo compartiste con alguien especial, lo suficientemente especial para compartir tu tiempo, y recuerda que el tiempo no espera por nadie.

Así que deja de esperar hasta que termines la escuela, hasta que vuelvas a la escuela, hasta que bajes 10 kilos, hasta que tengas hijos, hasta que tus hijos se vayan de casa, hasta que te cases, hasta que te divorcies, hasta el viernes por la noche, hasta el domingo por la mañana, hasta la primavera, el verano, el otoño o el invierno, o hasta que mueras, para decidir que no hay mejor momento que éste para ser feliz. La felicidad es un trayecto, no un destino.

Trabaja como si no necesitaras dinero.
Ama como si nunca te hubieran herido.
Y baila como si nadie te estuviera viendo.

SECRETO 23

HAZ CADA DÍA ALGO QUE TE ENTUSIASME

Es increíble lo aburrida y monótona que puede llegar a ser nuestra vida si no tenemos algo que nos ilusione. Esperamos demasiado tiempo para tomarnos esas vacaciones una vez al año, o para celebrar algún acontecimiento especial. Eso no es suficiente. O quizá sí lo sea, pero realizarse plenamente no es sólo tener suficiente, sino vivir en abundancia. Necesitas abundancia de buenas cosas que te entusiasmen: como mínimo, una cada día. No dejes de lado las pequeñas cosas, que suelen ser las más gratificantes.

Para que comiences a pensar, he aquí algunas cosas que te podrían entusiasmar: media hora a solas, un paseo por el parque con la persona que amas, una vuelta en bicicleta por el parque, regalarle un hermoso ramo de flores al amor de tu vida, alquilar una película vieja y verla comiendo palomitas con tus amigos, tomar un baño de espuma masajeándote con una esponja natural, abrir una botella de vino y celebrar la puesta de sol, pasarte unas horas en la cochera reparando tu coche, comprar flores para tu lugar de trabajo para alegrarte el día, escribir tu diario, llevar bombones al trabajo y saborearlos con tus compañeros, invitar a comer a un compañero de trabajo, jugar un rato a tu deporte favorito.

Más sugerencias: llamar a uno de tus amigos de quien hace tiempo no tienes noticias, dar una vuelta en bicicleta, comprar un libro que te llame la atención, comer tu plato favorito, desayunar con un buen amigo, ver una obra de teatro, una ópera o una orquesta; contratar a alguien para que haga la limpieza de tu casa, para encontrar la casa limpia cuando abras la puerta después de un largo día de trabajo; ir a un nuevo restaurante o bar.

Cada día necesitas algo que te entusiasme. Anótalo en tu calendario de ser necesario, pero asegúrate de que cada día tienes algo especial que te espera. Esto hace que los días más monótonos sean divertidos, y evita el abatimiento y el desinterés por la vida, la cual siempre te ofrece cosas maravillosas con las cuales disfrutar de cada instante.

¿Cuál es tu mañana ideal? ¿Cuál es tu noche ideal? ¿Cómo sería tu vida si comenzaras tu día con una mañana ideal y lo terminaras con una noche ideal? Concédete todos los elementos que puedas de tu día ideal y te sentirás más feliz que antes y tu día estará mejor organizado. Tómate unos minutos ahora para anotar tu día ideal, de modo que no te limites en ningún sentido.

Actividades para sentirse mejor

✓ Sé de nuevo un niño. Emplea 15 minutos para jugar. Visita una juguetería y compra algo que prometa ser divertido.

✓ Lee los clásicos por 15 minutos al día. Si lees los problemas de las novelas de Dickens, los tuyos te parecerán dificultades insignificantes al compararlos.

✓ Haz una lista de cinco de tus fortalezas. Cambia diariamente la lista.

✓ Ayuda a alguien sin que lo sepa.

✓ Cambia algo acerca de ti.

✓ Lustra tus zapatos, cambia de peinado, etcétera.

✓ Lleva a acabo algo pequeño que has estado evitando.

✓ Limpia tu escritorio.

✓ Lleva tu automóvil a servicio o a lavado de tapicería.

✓ Escribe una lista de actividades en las cuáles puedes mejorar.

✓ Habla con un buen amigo.

✓ Ponte de acuerdo y ve a desayunar con esa amistad un tanto alejada.

✓   Ponte en contacto con tu lado espiritual. Meditación, rezos
    o simplemente un momento de quietud en contacto con la
    naturaleza puede ser útil para sentirte más en balance y confiado
    en cuanto a la vida.

✓   Relájate. Trata de cultivar una técnica de relajación progresiva.
    Desvanece toda la energía negativa acumulada.

SECRETO 24

CREA EL ESPACIO ADECUADO

Cada vez que quieras algo nuevo en tu vida, deberás crear el espacio necesario para incorporarlo. De hecho, no importa lo que elimines. Después de todo, la materia es en esencia simplemente energía, de modo que todo lo que suprimas te dará más espacio. Quizás si limpias tu armario consigas un nuevo cliente. ¿Alguna vez te has dado cuenta lo bien que te sientes después de limpiar tu escritorio? No es cosa de magia. Es un principio que se basa en las leyes de la física. La naturaleza aborrece el vacío, y el Universo te enviará cosas para llenarlo.

¿Te gustaría que en tu vida irrumpiera algo nuevo y maravilloso? ¿Otro trabajo, una nueva amistad, una oportunidad? ¿Una relación amorosa? Crear espacio es una de las maneras más sencillas y efectivas para atraer lo nuevo. Si tienes una sensación de estancamiento, comienza por despejar el terreno. Revisa los archivos de tu oficina y tira todos los viejos papeles, esos informes y artículos que guardas por si acaso un día los necesitas. Para simplificar las cosas y hacer esta labor con ganas, imagina que te han ascendido y que, por lo tanto, te mudas a otro lugar. Destina media hora o una hora diaria durante una semana sólo para poner en orden tus papeles, y te sorprenderá la cantidad de papel inútil que has acumulado. El día que te asciendan, ya lo tendrás todo listo para partir.

Una vez que hayas ordenado tu lugar de trabajo, despeja el terreno en tu casa. Es un espacio sagrado, donde debe ser posible que te relajes y te cargues de energía para seguir con tu trabajo. Si al llegar a casa, te encuentras con un espacio caótico y poco cómodo, no lograrás esa recarga de energía. Lo mejor es que te preguntes: ¿he utilizado esto en los seis meses pasados? Si la respuesta es no, y no se trata de un material para una época especial, como sería el caso de los adornos navideños, tíralo. No es fácil, pero lo conseguirás cuando hayas logrado un poco de práctica. Si no sabes por dónde empezar a ordenar, dedícate en primer lugar al rincón de la izquierda de tu dormitorio, y ordena una habitación a la vez. Acabar con el caos es una terapia increíble, que genera una enorme cantidad de energía, la cual te servirá para afrontar tus objetivos más importantes.

Muchos de mis clientes vienen a verme porque se sienten estancados y tan cansados que les falta ánimo para salir de la rutina. No comprenden que el caos que les rodea absorbe su energía. 90% del tiempo viven en medio del desorden, aunque éste no sea visible.

Una vez que hayas creado espacio, el Universo se ocupará de llenarlo. A medida que vayas creando un espacio abundante, tendrás más sitio para que las cosas buenas aparezcan en tu vida. Piénsalo como si fuese un ritual. Haz una maleta con ropa que no te queda bien o que está pasada de moda, y dónala a una institución de caridad. Al dejar la maleta, piensa: "Estoy eliminando todo lo viejo y caduco para que algo nuevo y mejor entre en mi vida".

Cómo ser optimista

Las personas positivas le ponen buena cara al mal tiempo y admiran las estrellas cuando otros se quejan de la oscuridad.

Si tú quieres cultivar el optimismo, practica estas reglas:

✓ Haz un balance diario de tus bienes, no de tus males.
✓ Ten a Dios como amigo constante y ora con frecuencia.
✓ Aprecia todo lo bueno y siembra esperanza por doquier.
✓ Filtra las malas noticias y aléjate de los quejumbrosos.
✓ Aprende a ver sólo los titulares de tanta noticia negativa.
✓ Enriquece tu alma con lecturas de motivación.
✓ Escucha música relajante y medita a diario por lo menos 20 minutos.
✓ Haz memoria de tus logros y disfruta el presente.
✓ Aprende de tus errores y acepta a los demás como son.
✓ Cambia las quejas por acciones de gracias.
✓ Ámate y ama.

SECRETO 25

CONTINÚA CREANDO
EL ESPACIO

Si tu costumbre de guardarlo todo es, si no congénita, de esas que se remontan a la noche de los tiempos, no podrás ordenar tu casa u oficina en pocos días. Acuérdate de preguntarte: "¿Hay algo en casa o en el patio que no necesite?" Se trata de una prueba realmente difícil. Es increíble lo que una persona puede acumular a lo largo de los años. Del mismo modo que no se puede pretender perder peso de la noche a la mañana, tampoco es lógico creer que podrás ordenarlo todo de un sólo intento.

Esto es coherente con una máxima: "menos es más". Menos objetos equivalen a mayor energía disponible para tu vida.

Elimina todas aquellas pertenencias que ya no tienen sentido para ti o que no te ayudan a sentirte mejor.

Da los objetos que no te hacen falta a alguien que los pueda utilizar y aprecie. Comienza por eliminar las pequeñas cosas (ropa, muebles, libros, etc.), y luego te resultará fácil hacer lo propio con las grandes, como un trabajo insatisfactorio o una relación que ya no te aporta nada.

Confía en tus fuerzas...

✓ Confía en las cosas que te inspiran.
✓ Confía en las cosas que te dan felicidad.
✓ Confía en los sueños que siempre has anhelado y déjalos hacerse realidad.

✓   La vida no hace promesas sobre lo que te reserva el futuro.

✓   Debes buscar tus propios ideales y animarte a cumplirlos.

✓   La vida no te ofrece garantías sobre lo que tendrás.

✓   Pero te ofrece tiempo para decidir lo que buscas y arriesgarte a encontrarlo y a revelar algún secreto que encuentre en tu senda.

✓   Si tienes voluntad para hacer buen uso del talento y de los dones que son sólo tuyos, tu vida estará llena de tiempos memorables y de inolvidable alegría. Nadie comprende el misterio de la vida o su significado.

✓   Pero para aquellos que deciden creer en la verdad de lo que sueñan y en sus fuerzas... la vida es un singular regalo... recuerda que nada es imposible.

SECRETO 26

¡SIMPLIFICA TU VIDA!

Ahora que has aligerado tu carga de cosas materiales, estás en condiciones de abordar otras maneras de simplificar tu vida. Si sientes que tu agenda se desborda, que tienes demasiadas cosas que hacer y gente que ver, es hora de simplificar. Todo en la vida te absorbe energía, tanto las cosas materiales como el trabajo, las obligaciones sociales y los compromisos familiares. Cuanta más energía tengas a tu disposición, más atracción ejercerás y más éxito tendrás en todos los ámbitos.

La mayoría de las personas piensan que el hecho de estar muy ocupadas y tener una agenda sobrecargada es una señal de éxito. Lo que no comprenden es que, al estar tan ocupadas, no son capaces de darse cuenta de lo que sucede a su alrededor, con la consiguiente pérdida de oportunidades. Sólo esto ya constituye un incentivo muy poderoso para ser muy cuidadoso en la utilización de nuestro tiempo y energía.

Simplifica tu vida con acciones tales como mudarse a una vivienda más pequeña, eliminar el pasto natural y colocar uno artificial, tener un vestuario sencillo, levantarse una hora más temprano para hacer ejercicio; la elección de llevar a cabo actividades que te ayuden a simplificar cada una de las áreas de tu vida, está en tus manos.

¿De qué manera podrías simplificar tu vida? Piensa en los últimos avances tecnológicos para organizarte mejor. Ahora, anota diez formas de comenzar a simplificar tu vida hoy mismo.

Los placeres de un disidente

Creo saber lo que quiero. He aquí las cosas que me
harían feliz. No desearé otras.
Quiero una habitación propia, donde pueda trabajar.
Quiero una habitación cómoda, íntima y familiar. Una
atmósfera llena de olor de los libros y de aromas
inexplicables; una gran variedad de libros, pero no
demasiados... sólo los que pueda leer o que
vaya a leer de nuevo, contra la opinión de todos los
críticos literarios del mundo. Ninguno que para leerlo
requiera mucho tiempo, ninguno que tenga un
argumento constante ni que ostente demasiado el
esplendor frío de la lógica.

Deseo tener la ropa de caballero que he usado algún
tiempo y un par de zapatos viejos. Quiero la libertad
de usar tan poca ropa como me venga en gana.
Quiero tener un hogar dulce donde pueda ser yo mismo.
Quiero escuchar la voz de mi esposa y la risa de mis
hijos en la planta alta mientras yo trabajo en el piso
inferior, y quiero oírlos en el piso de abajo cuando yo
esté trabajando arriba.

Quiero niños que sean niños, que salgan conmigo a
jugar en la lluvia y que disfruten del baño de la
regadera tanto como yo. Quiero un pedazo de tierra
en el que mis hijos puedan construir casas de ladrillo,
alimentar a sus pollos y regar las flores. Quiero oír el
canto del gallo por la mañanas. Quiero que en el
vecindario haya árboles viejos y elevados.

Quiero algunos buenos amigos que me sean tan
familiares como la vida misma; amigos con los que
no necesite ser cortés y que me cuenten sus

problemas, que sean capaces de citar a Aristóteles
y de contar algunos chistes subidos de color; amigos
que sean espiritualmente ricos y que puedan hablar
de filosofía y usar palabras gruesas con la misma
sinceridad; amigos que tengan aficiones claras y una
opinión definida sobre la gente y las cosas, que
tengan sus creencias particulares y respeten las mías.

Quiero tener una buena cocinera que sepa guisar
verduras y hacer sopas deliciosas. Quiero un sirviente
viejo, viejísimo, que piense que soy un gran hombre,
aunque no sepa en qué reside mi grandeza.

Quiero una buena biblioteca, unos buenos puros
y una mujer que me comprenda y me dé libertad
para trabajar. En fin, quiero tener la libertad de ser yo
mismo.

Lin Yutang

SECRETO 27

PIDE AYUDA

Deja de tratar de hacerlo todo y comienza a delegar el mayor número de cosas posibles. La paz mental y el hecho de sentir que te cuidas, bien valen el dinero que gastes. Es cierto que hay personas que dicen que les gusta hacer la limpieza de la casa, por ejemplo. El peligro de limpiar tu propia casa es que puede crearte la falsa ilusión de que estás logrando algo importante y trascendental, cuando en realidad le darías mejor utilidad a tu tiempo si trabajaras en tus grandes objetivos y en la consecución de tus sueños. Podrías pasarte la vida sólo limpiando la casa y no lograr jamás escribir ese libro que tienes en mente, tomar lecciones de natación o mantener el contacto con tus familiares y amigos.

No tengas miedo de buscar pedir ayuda. Es una manera de delegar tareas, lo cual ayudará también al crecimiento de las personas que te rodean.

Cada vez que te esfuerces demasiado y sientas frustración, pregúntate cómo podrías delegar la tarea o conseguir la preparación adecuada para llevarla a cabo con menos esfuerzo.

Después de desesperarme tratando de elaborar mi declaración de impuestos, me di cuenta de que valía la pena que delegara esa desagradable labor a otra persona que la encontrase placentera (aunque no lo creas, hay personas a quienes les encanta hacer declaraciones de impuestos), por lo cual contraté los servicios de un contador público ¡Qué alivio!

Siempre existe un experto que goza haciendo el trabajo que a ti te desagrada, y que además lo hace en forma profesional. Mi contador adora hacer los balances, y los efectúa con entusiasmo. No puedo decir lo mismo con respecto de mí mismo. Dejar la declaración de impuestos en manos de alguien que le gusta hacerla tiene mucho sentido. Y además, a ti te genera el tiempo y la energía que necesitas para dedicarte a lo que te gusta realizar.

El alpinista

Cuentan que un alpinista, desesperado por conquistar el Aconcagua, inició su travesía, después de años de preparación, pero quería la gloria para él sólo; por lo tanto, subió sin compañeros.

Empezó a subir y se le fue haciendo tarde, y más tarde, y no se preparó para acampar, sino que decidió seguir subiendo convencido de llegar a la cima, hasta que oscureció. La noche cayó con gran pesadez en la altura de la montaña, ya no se podía ver absolutamente nada. Todo era negro, cero visibilidad, no había luna y las estrellas estaban cubiertas por las nubes.

Subiendo por un acantilado, a sólo 100 metros de la cima, se resbaló y se desplomó... caía a una velocidad vertiginosa, sólo podía ver veloces manchas oscuras que pasaban a través de la misma penumbra y sentía la terrible angustia de ser succionado por la gravedad.

Seguía cayendo... en esos angustiantes momentos, pasaron por su mente todos sus gratos y no tan gratos momentos en su vida; pensaba que iba a morir; sin embargo, de repente sintió un tirón muy fuerte que casi lo parte en dos. Sí, como todo alpinista experimentado, había clavado estacas de seguridad a una soga muy larga amarrada de su cintura. En esos momentos de quietud, suspendido por los aires, no le quedó más que gritar:

—Ayúdame, Dios mío.

De repente, una voz grave y profunda surgió de los cielos y le contestó:

—¿Qué quieres que haga?

—Sálvame Dios mío.

—¿Realmente crees que te pueda salvar?

—Por supuesto Dios mío.

—Entonces, ¡corta la cuerda que te sostiene!

Hubo un momento de quietud y silencio. El hombre se aferró más a la cuerda y reflexionó.

Cuenta el equipo de rescate que al otro día encontró colgado al alpinista, congelado aferrado con fuerza a la cuerda con sus dos manos... a dos metros del suelo.

Anónimo

No hay limitaciones para la mente excepto las que aceptamos, la pobreza y la riqueza son productos del pensamiento.

SECRETO 28

LOS 17 ERRORES EN LAS FINANZAS PERSONALES

1. **Gastar más de lo que ganas.**
   Es aritmética pura: si gastas más de lo que ganas, estás creando deudas.
   Recuerda que las deudas, a la larga, salen más caras.

2. **No llevar un registro de tus gastos.**
   Si no sabes en dónde se encuentra la "fuga", no la podrás reparar.
   Presupuesta tus gastos y ten siempre presente que, si los puedes medir, los puedes controlar.

3. **Mantenerte en tu área de comodidad.**
   No capacitarte.
   No abrir tu mente a nuevas ideas.
   No aprender a hacer las cosas de manera diferente.

4. **No ahorrar.**
   No pagarte tú primero.
   Lo importante no es cuánto ahorras, lo importante es empezar.
   Ahorrar y no invertir es un gran error.
   Se trata de que el dinero trabaje para ti.
   Considera el poder del interés compuesto.

5. **Creer que tus finanzas personales son asunto de tu patrón o del gobierno.**
   Confiar demasiado en tu sistema de pensiones.
   Casi todos los sistemas de pensiones en el mundo están "quebrados".

6. Hacer de las tarjetas de crédito una forma de vida.

Las tarjetas de crédito son la nueva forma de esclavitud.

Lo mejor para salir de la trampa es no entrar en ella; sin embargo, si ya estás adentro, sigue el sistema:

70% gastos, 20% pago tarjetas, 10 % ahorro

7. Hacer compras innecesarias.

Comprar a crédito bienes superfluos.

Abusar de las compras a meses sin intereses, ya que, de todas formas, tendrás que pagar.

Comprar a crédito es vender barato tus mañanas por un poco de hoy.

8. Ser fiador.

Por ningún motivo seas fiador.

Es ponerte la soga al cuello.

Es pagar por algo que tú no disfrutaste.

Recuerda que fiador es casi, por lo regular, igual a pagador.

9. Prestar lo que no puedes regalar.

Si no lo puedes regalar, mejor no prestes.

Recuerda que lo prestado es pariente de lo dado.

10. Manejar un automóvil que no está asegurado.

Es una gran irresponsabilidad.

Lo importante no es que puedas "perder" el auto, sino los accidentes que puedes originar.

11. No contar con un seguro de gastos médicos mayores.

Hay enfermedades que terminan con todas las reservas de dinero.

No lo consideres un gasto, es realmente una inversión.

12. Creer que nunca vas a envejecer.

En tiempos de vacas gordas, hay que guardar para el tiempo de vacas flacas.

La juventud física no es eterna.

Hay que aprovechar la juventud y la madurez para vivir una vejez digna.

13. Heredar a tus hijos en vida.

Disfruta en vida lo que tanto trabajo te costó ganar.

Mantenlos interesados en ti mientras estés vivo.

Eso sí: deja tu testamento muy bien elaborado para evitar problemas.

14. Construir en terreno ajeno.

Acuérdate que "papelito habla".

Construir es fácil, pero después siempre hay codicia.

Hasta el parentesco termina.

Son verdaderas batallas campales entre parientes.

Acuérdate: "casa-dos".

15. Casarte por bienes mancomunados.

Debería estar prohibido.

Cada quien debe tener sus propios recursos.

Los recursos se pueden unir temporalmente siempre y cuando haya consentimiento.

16. Pedir prestado.

Es hacer que la gente te rehúya.

Es la mejor forma de cerrarte puertas.

Evita al máximo pedir prestado.

Y si te prestan: ¡paga!

17. Gastar en vicios.

Alcohol.

Cigarros.

Drogas.

Relaciones destructivas.

MEDIDAS ANTICRISIS

1. Mantén la calma.

Confía en ti mismo.

De peores circunstancias hemos salido adelante.

Las condiciones actuales del país son ahora distintas, habla con la familia y los hijos de temas económicos; lo importante es no infundirles miedo, sino conservar la calma.

2. No compres lo que no necesitas.

Cíñete a un presupuesto.

Evita gastos superfluos.

No alcohol, no cigarros, no parrandas.

Encuentra formas creativas de ganar más dinero.

3. Si tienes deudas:

Págalas.

Haz una negociación.

Da la cara y enfrenta la situación.

Elabora un plan para salir adelante.

¡Aprende la lección!

4. Si no tienes deudas: sonríe.

Resiste la tentación de las compras.

Recuerda que comprar a crédito es comprometer ingresos antes de haberlos obtenido.

No olvides que la mejor forma de salir es no entrar.

5. Inicia un plan financiero sólido.

Recurre al poder del ahorro, el poder del interés compuesto y el poder del largo plazo.

A nadie le importar más tu situación financiera que a ti mismo.

6. **El nuevo concepto de riqueza.**

   No es cuánto dinero tienes, sino cuánto tiempo puedes vivir sin trabajar.

   Aumenta tus activos.

   La pregunta clave es: ¿cómo sería tu vida si en este momento tuvieras sólo 10% de lo que haz ganado durante toda tu existencia? 10% de tus ingresos puede ser la suma con la cual comiences tu ahorro el día de hoy.

7. **Oportunidad.**

   De cuidar lo que tienes.

   De despertar tú conciencia.

   De aprender a hacer más con menos.

8. **Si tienes trabajo: ¡cuídalo!**

   Conviértete en un recurso indispensable.

   No faltes.

   Ten iniciativa.

   Ten en mente que sólo se quedan los mejores.

   Satisface las necesidades de tus clientes y de tu jefe.

   Es tiempo de dar más.

9. **Si no tienes trabajo:**

   Capacítate.

   Aprende a hacer cosas nuevas.

   Conoce las nuevas tecnologías.

   No desdeñes las ventas: son la principal fuente de riqueza.

10. **No desperdicies.**

    Comida.

    Energía eléctrica.

    Agua.

    Recicla.

11. Remueve la energía:

Deshazte de todo lo que no necesitas.

Conviértete en un benefactor: muchas cosas que a ti ya no te sirven le pueden servir a otros.

12. Reprograma tu mente:

Los problemas de dinero no se resuelven con dinero, se resuelven trascendiendo el nivel de pensamiento.

La actitud es la clave.

Desarrolla una cultura empresarial.

13. A pesar de la adversidad:

Espera siempre lo mejor de la vida.

14. Fortalece tu vida espiritual.

No hay persona pobre con una vida espiritual rica.

Tu riqueza es directamente proporcional a la riqueza de tu vida espiritual, conéctate con la fuente infinita de abundancia.

Mensajes para recordar

✓ Cuando veas que alguien hace bien las cosas pequeñas, ponlo a cargo de cosas más grandes.

✓ Lee más libros y mira menos televisión.

✓ Cuando una oportunidad llame a la puerta, invítala para que se quede a cenar.

✓ Cuando un mesero o mesera te brinde un servicio excepcional, déjale una propina generosa con una pequeña nota, como: "Gracias por un servicio maravilloso. Usted hizo de nuestra comida una experiencia especial".

✓ Compra tres libros clásicos infantiles. Léelos y después regálalos a alguien más joven.

✓ Preséntate a tus vecinos cuando te cambies a una nueva colonia.

✓ Cuando un amigo o un ser querido se enferme, recuerda que la esperanza y el pensamiento positivo son medicinas muy efectivas.

✓ No confundas meros inconvenientes con problemas reales.

✓ Recuerda que el buen ejemplo es el mejor sermón.

✓ Usa la foto favorita de un ser querido como separador de libros.

✓ Confía en Dios, pero cierra tu auto con llave.

✓ No digas que no, hasta haber escuchado la historia completa.

✓ Cuando des un discurso, concéntrate en lo que puedas dar a la audiencia, no en lo que obtendrás de ella.

✓ No permitas que la mala hierba crezca alrededor de tus sueños.

✓ Recuerda que casi todo se ve mejor después de haber dormido bien una noche.

✓ No seas susceptible. Acepta las críticas y los halagos con la misma gracia.

✓ Invierte tu tiempo y energía en crear, no en criticar.

✓   Toma fotografías de cada uno de tus autos; después, esas fotos
    parecerán recuerdos maravillosos.

✓   Cuando viajes por caminos vecinales, detente si ves un letrero
    que diga: "Se vende miel".

✓   Cuando tengas una colina que subir, no pienses que si esperas
    se hará más chica.

✓   Reza. Hay un poder inmenso en ello.

✓   Pasa tu vida subiendo el ánimo de la gente, no bajándolo.

✓   Nunca interrumpas cuando te halaguen.

✓   Recuerda que el gran amor y los grandes logros, involucran
    grandes riesgos.

✓   Recuerda que no obtener lo que quieres a veces es un golpe
    de suerte.

✓   Lo que das te brindará más placer que lo que recibes.

✓   Recuerda que todas las personas que te conocen tienen una
    señal invisible: "Fíjate en mí. Hazme sentir importante".

✓   Efectúa tu trabajo mejor que nadie. Es lo más seguro que
    conozco.

✓   Cuando acampes o pasees, no dejes evidencia de que estuviste
    ahí.

✓   Cuando alguien te brinde un servicio excepcional, escribe una
    nota a su jefe.

SECRETO 29

HAZ QUE EL DINERO
TRABAJE PARA TI

Es obvio que, si tienes mucho dinero, es más fácil que obtengas éxito en lo que emprendas. Pero esto no sucede tanto por el hecho de que poseas dinero, sino más bien porque el dinero no te posee a ti. Es tan poco interesante hacer que tu vida gire alrededor de la falta de dinero como alrededor de la abundancia del mismo. El objetivo es lograr que el dinero sea uno de los aspectos de tu vida, pero de ninguna manera tu preocupación primordial. Claro está que es más fácil decirlo que llevarlo a la práctica.

La falta de dinero es una de las razones habituales (quizá sea más correcto decir "excusa") que la gente utiliza para explicar las insatisfacciones en la vida y su imposibilidad de hacer lo que en verdad le agrada. Lo he escuchado infinidad de veces: "Si tuviese suficiente dinero, haría XYZ y sería más feliz". He observado que esas mismas personas, cuando llegan a tener ese dinero, no realizan sus sueños y siguen siendo igualmente desdichadas, lo que prueba que su problema no era la falta de dinero.

Está claro, pues, que el dinero no hace la felicidad. Pero, por otro lado, la falta de dinero tampoco. El secreto es aprender a administrarlo y tener suficiente para dejar de preocuparse por las cuestiones económicas. Cuando lo logres, comenzarás a sentirte más libre con respecto a tus finanzas.

Básicamente, existen dos maneras de conseguir más dinero: gastar menos y ganar una mayor cantidad. Pon en práctica las ideas y los consejos de esta sección y pronto estarás en camino de la independencia económica. No me refiero a que consigas pagar todas tus facturas pendientes, sino a tener dinero ahorrado e invertido o suficientes fuentes de ingresos de modo que no debas trabajar para vivir. Puedes elegir trabajar para vivir, pero no tienes que hacerlo si no te interesa.

SECRETO 30

DI LA VERDAD ACERCA
DEL DINERO

¿Qué es el dinero, al fin y al cabo? Sabemos que no es una mágica panacea, no compra la felicidad, el amor o la salud. No es un bien escaso, aunque la mayoría de la gente piensa que sí. No es una medida de un grado de inteligencia o de talento. En el mundo, hay muchos genios pobres. El dinero es sólo una herramienta. Como toda herramienta, puede utilizarse para hacer el bien o para hacer el mal. La mayoría de las personas colocan en el dinero una carga emocional. Todavía es un tema tabú, que a muchos les incomoda tocar. Nos puede decir mucho sobre tu manera de ser, dado que la forma en que lo gastas suele revelar tanto tus necesidades como aquello que realmente valoras.

Antes que nada, debes tener una idea exacta de lo que el dinero representa para ti. Es decir, qué es lo que tú crees que es el dinero. Actuamos en función de lo que creemos; por lo tanto, los resultados que conseguimos en la vida dependen de esas creencias. De modo que si quieres cambiar tu situación en el terreno del dinero, vale la pena que examines atentamente tu relación con él. Antes de comenzar a examinarla, te propongo una serie de frases para que completes por favor:

Creo que el dinero es...

Mi problema o dificultad con el dinero es...

Una de las maneras de administrar el dinero es...

El éxito económico es...

Si pudiera modificar mi relación con el dinero, haría...

Si tuviese todo el dinero que quiero, haría...

El mayor cambio que quisiera hacer con relación a mi manera
de administrar el dinero es...

Mis padres me enseñaron que el dinero es...

Las ideas limitadas crean también finanzas limitadas. Es probable
que, si piensas que para hacer dinero tienes que luchar y trabajar con
gran esfuerzo, no te sea fácil alcanzar la riqueza.

Las ideas corrientes sobre el dinero se reflejan en expresiones tales
como: "El dinero llama al dinero", "el dinero es la raíz de todo mal",
"no puedes comprar el amor con dinero", "cuando te mueras, no te lo
llevarás contigo", "las mejores cosas de la vida no tienen precio", "el
dinero no lo es todo".

Anota por favor tus creencias sobre el dinero y luego reemplázalas
por otras nuevas, como, por ejemplo: "disfruto de mi dinero y lo utilizo
para hacer realidad mis sueños", "tengo dinero suficiente para realizar
grandes proyectos y para compartirlo con generosidad".

Modificar tus creencias limitadas y expandirlas es el primer paso
hacia tu libertad económica. Debes de incluir mensajes positivos del
tipo: "creo prosperidad", "me siento bien ganando dinero", "multiplicar
el dinero es divertido", "soy feliz con mi riqueza", "ríos de riqueza vienen hacia mí".

SECRETO 31

DEJA DE TIRAR EL DINERO
POR LA VENTANA

Cuando trabajo asesorando a mis clientes, el error más común que cometen en relación con el dinero es creer que la solución más adecuada para resolver sus problemas económicos es encontrar la manera de aumentar sus ingresos. Es la razón por la que muchos incautos caen continuamente en trampas del tipo "hágase rico en un día", y por la que juegan a la lotería. "Quizás esta vez me toca el gordo y soluciono todos mis problemas." La dificultad inherente a este modo de pensar es que el dinero no es la respuesta a todos los problemas.

La manera más rápida de resolver tus problemas económicos es afrontarlos, es decir, averiguar las razones profundas por las que gastas de más o por las que tienes problemas económicos. Si no lo averiguas, se te irá de las manos todo el dinero extra que ganes, tal y como te sucede normalmente. Si consigues dejar de tirar el dinero por la ventana, cualquier suma extra que tengas aumentará con rapidez y comenzará a trabajar para ti.

¿Cómo tiras el dinero? Lo más curioso es que el exceso de gastos es la expresión de carencias afectivas o emocionales. En nuestra cultura, los medios de comunicación nos condicionan para que creamos que si necesitamos algo, sólo tenemos que comprarlo. Ya está. Eso nos aporta un sentimiento de bienestar inmediato. Por desgracia, no es más que una ilusión. El hecho de comprar no responde a una necesidad del objeto adquirido, sino a determinadas necesidades emocionales. La única manera de hacer frente a una necesidad emocional es tener clara la conciencia de cuál es, y luego, buscar la manera de solventarla. No hay dinero en el mundo que alcance para cubrir tus necesidades afectivas. Simplemente, no puedes evadirlas.

SECRETO 32

PAGA TUS DEUDAS

En los últimos 20 años, tener deudas se ha vuelto socialmente aceptable. Antes, la gente ahorraba dinero para lo que quería, y compraba cuando tenía el suficiente. Ahora, sucede exactamente lo contrario. Queremos las cosas ya, de modo que nos endeudamos y pagamos intereses absurdos. El costo de la cultura del "lo quiero ya" es alto, y no hablo sólo de los intereses. Va mucho más allá de ese problema. Tener deudas es estresante. Te has acostumbrado tanto a endeudarte y a utilizar las tarjetas de crédito para hacer compras, que ni siquiera te das cuenta de lo estresante de la situación. Cuándo estés libre de deudas, podrás comprobar el descanso que se siente, aun si ahora te parece tan sólo una bonita fantasía.

Las deudas son estresantes y consumen nuestra energía. En esta situación es muy difícil tener ánimos para atraer a las personas y las oportunidades que uno desea. Cuando no se tienen deudas, es lógico sentir alegría y despreocupación, pero no es fácil dar una impresión relajada y agradable si se sufre el agobio del dinero.

Averigua cuáles son tus necesidades y cómo satisfacerlas de una vez y para siempre. Tu vida dará un vuelco. Si tienes la impresión de estar al límite de tus deudas, busca un asesor o una empresa de consultores que se ocupen de negociar con los bancos un sistema de pago dentro de tus posibilidades. Ellos pueden ocuparse de los pagos. Tú les aportas una cantidad fija por mes, y ellos la dividen y pagan cada una de tus deudas según los acuerdos que hayan convenido. Este servicio tiene dos grandes ventajas:

Ellos negocian todos los arreglos necesarios con tus acreedores.

Pueden lograr que las cuotas mensuales sean menores.

Para muchas personas, un convenio de este tipo representa una verdadera liberación, porque es su única manera de salir de las deudas sin arruinarse completamente. La desventaja es que no llegues a aprender de la experiencia. Hay personas que necesitan sentir un verdadero dolor antes de hacer los cambios necesarios en su manera de administrar el dinero.

Pagar las deudas es la base para la construcción de un sólido respaldo financiero. La habilidad y los hábitos que desarrolles para liquidar tus deudas son los mismos que necesitas para crearte una reserva de dinero extra. No te des por vencido hasta lograrlo.

SECRETO 33

HAZ UN AYUNO DE DINERO

En nuestra sociedad basada en el consumo, es fácil olvidarse de que el dinero no compra la felicidad. Las últimas investigaciones prueban que puede ser aún peor de lo que imaginamos.

No sólo se ha demostrado que poseer cosas es insatisfactorio, sino que aquellas personas que consideran la opulencia como una prioridad en su vida, suelen tener por término medio un nivel de bienestar más bajo que los demás. La búsqueda de objetivos que son un reflejo de necesidades humanas genuinas, tal como querer sentirse conectado con los demás, resulta ser de mayor beneficio psicológico que pasarse la vida tratando de impresionar a otras personas o de acumular ropa de última moda, artículos elegantes y dinero para comprarlos. Esta última búsqueda apunta a utilizar la compensación material para satisfacer las necesidades afectivas. Cuando más empeño ponemos en buscar la satisfacción personal en los bienes materiales, menos la obtenemos. Esa clase de satisfacción tiene una vida muy corta, es temporal y fugaz.

Estas palabras dan cuenta de razones suficientes para abandonar los objetivos materiales y concentrarse en el desarrollo de vínculos afectivos, así como en la tarea de mejorar como ser humano.

Para comenzar a descubrir otras fuentes de gratificación, de mayor vitalidad y profundidad —dado el mercantilismo existente, que funciona como un señuelo de indudable poder—, quizá necesites tomar algunas decisiones drásticas destinadas a romper tu costumbre de ir de compras.

Una de las maneras más rápidas de cortar con el hábito de gastar en exceso es hacer un ayuno de dinero. También podríamos llamarlo un ayuno de gastos. No gastes nada durante 30 días. No hagas compras de ninguna clase, excepto las indispensables, como el papel higiénico, la pasta de dientes, los alimentos, etc. Evita cualquier otra compra. Si quieres, haz una lista de lo que desees comprar, pero durante este periodo de 30 días, no compres nada. Trata de ir al supermercado sólo una vez a la semana, y no compres chicles ni una revista a la salida. Lo mejor es que, antes de comenzar el ayuno, ya hayas adquirido lo necesario para ese mes. Si necesitas hacer un regalo para una boda o un cumpleaños, adquiérelo por adelantado. De esa manera, evitarás la tentación de entrar a una tienda.

A menos que tu situación económica sea muy difícil, conserva a tu empleada doméstica y otros ayudantes que tengas. Al primer signo de crisis financiera, corta también con estos gastos y te sentirás mucho mejor. Una vez que la situación haya mejorado, siempre puedes contratarlos de nuevo. Tampoco vale la pena vivir al límite.

El ayuno de dinero será un juego para cualquier persona que haya pasado por la experiencia de hacer un régimen alimentario para adelgazar. Una vez que hayas cortado con el hábito de gastar, descubrirás el placer de ahorrar. Tener dinero extra es algo muy agradable. Te da una sensación de seguridad, junto con la independencia y la libertad de hacer lo que te agrade. ¿Quién no desearía esto?

SECRETO 34

GANA EL SALARIO
QUE MERECES

Ahora que has reducido tus gastos, es hora de trabajar en la segunda parte de la ecuación del dinero: aumentar tus ingresos. Si trabajas en una empresa, puedes pedir un aumento. Si tienes tu propio negocio, puedes aumentar tus honorarios o tus porcentajes, o bien agregar un nuevo producto o servicio.

Comencemos por la manera de pedir un aumento. Haz una lista de todos tus logros durante los últimos seis meses o un año y redacta un pequeño informe titulado: "Trabajos terminados hasta la fecha". Se trata de elaborar una serie de argumentos sólidos para probar que mereces un aumento. Utiliza la mayor cantidad de cifras y datos concretos posibles y demuestra que, gracias a la calidad de tu trabajo, has contribuido a la buena marcha de la empresa. Cita los proyectos en los que has trabajado y sus resultados. Después de que hayas presentado este informe, pide lo que deseas. Si eres ejemplar en tu labor, eso quiere decir que trabajas mejor que el promedio de los empleados. Pedir lo que deseas te colocará en una categoría especial, dado que la mayoría de las personas temen pedir un aumento. En un momento dado, tu jefe tendrá una suma de dinero disponible para repartirla entre los integrantes de su equipo. ¿Quién crees que tendrá mayores posibilidades de lograr una parte sustanciosa? La persona que lo ha pedido con ayuda de buenos argumentos, incluso frente a otra que también desempeña un buen trabajo, pero que no se mueve para que se lo reconozcan.

Bien, estos consejos son válidos para pedir un aumento. Pero, ¿qué pasa si trabajas por tu propia cuenta? En ese caso, existen muchas formas de aumentar tus ingresos. La primera y más sencilla es reducir los gastos, pero puesto que ya lo has hecho, lo más adecuado sería aumentar tus tarifas o porcentajes. Aconsejo a mis clientes que vayan hasta donde el mercado lo permita y aumenten sus porcentajes cada año, o bien, de acuerdo al tipo de negocio que tengan. Para hacerlo, es necesario que mejoren continuamente sus servicios, de modo que este aumento convenga a sus clientes y, sobre todo, los mantenga satisfechos. También, puedes mantener los honorarios en el caso de los clientes que ya tengas y aplicar el aumento a los nuevos. Una vez más, tus decisiones dependerán del tipo de negocio que tengas, de los precios del mercado, del nivel del servicio que ofrezcas y de la satisfacción actual de tus clientes.

Otra solución es el pluriempleo. Puede ser una excelente manera de aumentar tus ingresos y al mismo tiempo experimentar un campo de actividad distinto. Muchos de mis clientes no se sienten satisfechos con el trabajo que tienen, pero tampoco están seguros de lo que realmente les interesa. El pluriempleo puede constituir una forma segura de probar otro campo de interés, trabajando tiempo parcial en lo que te llama la atención. Eso sí, ten cuidado y no exageres. Si dedicas demasiado tiempo a tu actividad secundaria, eso puede terminar afectando la calidad de tu trabajo estable. Averigua si la empresa donde laboras acepta el pluriempleo o si necesitas un permiso. Tu trabajo en otra actividad puede crear un conflicto de intereses y podrías poner en peligro tu trabajo actual. Si tienes dudas en cuanto a tus posibilidades reales de tiempo para sacar adelante el pluriempleo, apaga el televisor. Los espectadores de televisión en Estados Unidos de América dedican a ello por término medio unas 30 horas semanales, tiempo suficiente para un trabajo de tiempo parcial.

¿Cómo encontrar otras formas creativas de aumentar tus ingresos? Quizás uno de tus pasatiempos te podría ofrecer una cierta entrada de dinero, si utilizas tu creatividad. ¿Y si aprovecharas alguno de tus dones naturales? Quizás hablas muy bien en público, tienes alguna habilidad deportiva, quizá te organizas muy bien y te gusta poner en orden el caos. Podrías llevar a cabo alguna de estas actividades profesionalmente.

En cuanto a los sistemas de ventas a multinivel, a menos que hayas nacido con el talento para vender, disfrutes haciendo llamadas y tengas una inmensa red de conocidos, me mantendría alejado de ellos. La mayor parte de la gente no tiene tanto talento para vender como para que le procure ingresos interesantes. Las buenas expectativas desaparecen una vez que has llamado a la puerta de tus 200 amigos y colegas.

Dedica diez minutos para anotar diez maneras en las que podrías aumentar tus ingresos.

SECRETO 35

ABRE UNA CUENTA
DE RESERVA

Mi idea de lo que era una reserva de dinero solía concretarse en una tarjeta de crédito que todavía tuviera algo de saldo disponible. No tenía ahorros, ni siquiera comprendía el sentido del ahorro. Después de todo, un porcentaje bajo de interés no era gran cosa, aparte de que era mucho más agradable gastar que ahorrar. ¿Para qué preocuparme?

Lo increíble del sistema de contar con una cantidad de dinero de reserva es que no lo aprecias hasta que no lo pones en marcha. Tienes que experimentarlo para poder comprenderlo, y de hecho, vivirás tal cambio que nunca volverás al sistema anterior.

La cuenta de reserva que te propongo no es para hacer un viaje con ese dinero ni para despilfarrarlo en un frenesí consumista en un centro comercial. Para eso, necesitas otro tipo de cuenta. De hecho, me refiero a protección contra los golpes inesperados que acontecen en la vida.

Puede que te preguntes el sentido que tiene ahorrar, si no vas a utilizar el dinero para el gran viaje que sueñas. El ahorro es para ayudarte en los momentos difíciles de la vida, de modo que puedas hacer lo necesario sin preocuparte por el dinero, además de crear el gran hábito de ser más cuidadoso con el uso que le das a tu dinero.

Tener cubiertos de seis meses a dos años de gastos te dará una enorme ventaja en el trabajo, tanto si trabajas por tu cuenta como si lo haces en una empresa. Las personas que ahorran tienden a trabajar con los clientes que les interesan y se enfocan a satisfacer sus necesidades, con la finalidad de crear una lealtad genuina con sus productos o servicios; de esa forma, generan un círculo virtuoso, debido a que los clientes actuales regresan y las recomiendan con los clientes futuros.

Una reserva de dinero es clave si queremos sentir confianza en nosotros mismos. En el desarrollo de mi profesión, he trabajado con muchos clientes que estaban atrapados en su trabajo porque tenían enormes deudas. Son los mismos que temen ponerles límites a sus jefes cuando éstos se extralimitan. Irónicamente, son también los que no se atreven a pedir ese aumento que tanto requieren.

Deja de vivir con tus miedos y comienza a ahorrar. Disponer de una cierta cantidad de dinero ahorrado te ayudará a sentir una mayor tranquilidad y seguridad. Con más confianza y esta relajante sensación de sosiego, disminuirán tus preocupaciones y ansiedades. No te pido que me creas, sino simplemente que vivas la experiencia, porque entonces sabrás a lo que me refiero.

SECRETO 36

COMIENZA POR AHORRAR
10% DE TUS INGRESOS

Por lo general, las personas tienden a ser ahorrativas, o bien, gastadoras. Lo bueno es que son aspectos modificables. Si tu tendencia natural te lleva a gastar, puedes cambiarla, aunque para ello quizá necesites una razón de peso.

La verdadera clave de la independencia económica es comenzar a ahorrar 10% de los ingresos netos. Haz que los transfieran automáticamente de tu salario o tu cuenta corriente a una cuenta de ahorro o a un fondo de inversión. Ahora estás en camino hacia tu independencia económica. Ése es un objetivo válido para ahorrar. O bien, reduces tus gastos en 10% o aumentas tus ingresos el mismo porcentaje. Mejor aún, haz las dos cosas y lograrás tu independencia económica en la mitad de tiempo (reducir los gastos es la manera más rápida de comenzar).

El secreto de la independencia económica consiste en ahorrar con constancia a lo largo del tiempo. El tremendo beneficio en términos de seguridad, libertad y confianza bien merecen esos cambios menores en tu estilo de vida necesarios para ahorrar ese 10%. Si no puedes, comienza con 5% hasta que logres ahorrar 10%. Averigua quiénes pagan los mejores intereses y pide que elaboren un plan de ahorros individual de modo que no tengas que preocuparte por los detalles. Luego, ya puedes olvidarte y relajarte sabiendo que has tomado las medidas necesarias para tu futuro.

EL JUEGO DE LA INDEPENDENCIA ECONÓMICA

Sólo por el mero hecho de estar en camino hacia tu independencia económica, atraerás mejores oportunidades. Pronto encontrarás que dispones de dinero para invertir en otros proyectos que te darán más dinero.

Otro beneficio de tener dinero extra es que comenzarás a ampliar las fronteras de tu pensamiento como no lo hiciste jamás. Puesto que el pensamiento dirige la acción, es posible que te encuentres con magníficas e inesperadas sorpresas. (Evita las fórmulas del tipo "hágase rico rápidamente" o los sistemas de ventas multinivel. He descubierto que, por lo general, las personas que participan en esos programas suelen tener deudas considerables y ganar salarios por debajo de lo normal. Por lo tanto, son programas que cuentan con la existencia de gente que sufre una peligrosa mezcla de desesperación y codicia.)

No hace falta ser muy brillante. Sólo se trata de ser constante y ahorrar, porque, con el tiempo, se acumula más de lo que uno piensa. La palabra clave es constancia. Abre otra cuenta de ahorro o un fondo de inversión con el fin de lograr tu independencia económica. Aunque sólo puedas ahorrar poco dinero diario, comienza a practicar el juego de la independencia económica. Una vez que hayas comenzado, se te ocurrirán otras ideas. Y recuerda que reducir los gastos es, por lo general, la manera más rápida de tener mayor capital. La gente suele quedarse estancada en la necesidad de aumentar sus ingresos. Sin embargo, reducir gastos es más fácil y rápido que tratar de incrementar los ingresos. Revisa tus gastos importantes y redúcelos o elimínalos, como la renta, el crédito hipotecario, las tarjetas de crédito o las mensualidades del coche.

No te permitas caer en la trampa de pensar que reducir los gastos es sinónimo de sufrimiento. Por lo general, implica una mejora de la calidad de vida.

No te preocupes si no consigues ahorrar 50 pesos diarios. Es perfectamente válido comenzar con una suma pequeña. Si gastas 50 pesos para comer al mediodía, llévate la comida al trabajo y pon ese dinero en tu cuenta de ahorro para tu independencia económica. Un sinnúmero de pequeñas cantidades se acumulan más rápido de lo que uno piensa.

Lo bueno de todo esto es que no tendrás que esperar hasta lograr tu independencia económica para comenzar a cosechar los beneficios. Sólo el hecho de saber que llevas a cabo una acción constante dirigida hacia tu objetivo, que tienes un programa de independencia económica, reducirá de manera drástica el estrés y la ansiedad que tengas por el dinero. No tendrás miedo de envejecer y tener que depender de tu familia para que te mantenga y te cuide. Gozarás de calma y de seguridad frente a la crisis, sabiendo que cuentas con una reserva de dinero en efectivo. Es esencial si quieres atraer lo que deseas en la vida. Cuanto más dinero tengas, más oportunidades se te presentarán. Tu confianza aumentará porque podrás decir: "Quédese con el trabajo" y no preocuparte por el pago de tu crédito hipotecario. Los empresarios se interesarán por ti porque no necesitas el trabajo, sino que lo haces porque te gusta. Si te decides a jugar, no tienes nada que perder y sí mucho que ganar.

SECRETO 38

PROTEGE TUS BIENES

Teniendo en cuenta la Ley de Murphy, si tienes un seguro nunca lo necesitarás, pero si no lo tienes, sucederá una catástrofe. Me sorprende la cantidad de personas que carecen de seguro médico. Sé que es costoso, pero también lo es que me atropelle un camión. No es un chiste, a un conocido mío lo atropelló un camión hace poco, y sobrevivió, pero con una rodilla fracturada y sin los dientes superiores. Tuvo suerte. Es malo que te golpee la desgracia, pero es peor aún si no tienes un seguro. Y esto es algo que siempre te sucederá en el periodo que queda al descubierto entre la suspensión de una póliza y la contratación de la siguiente.

Ya seas inquilino o propietario, un seguro para la casa es indispensable. Y además lo es un buen seguro médico. Un seguro de vida no tanto, sólo lo necesitarás si tienes cónyuge o hijos que necesiten una suma global en caso de que fallezcas repentinamente.

Por supuesto que, si no confías en tu capacidad de ahorrar y quieres tener la seguridad de que tu familia contará con dinero en caso de que mueras, podrías adquirir un seguro de vida universal.

Lo importante es informarse bien, buscar asesoramiento y encontrar en cada caso o en cada país la solución más aceptable. Sobre todo, evita pagar comisiones, honorarios u otros gastos. En cualquier caso, siempre es preferible pagar una cuota fija.

¿Qué relación tienen los seguros en general con el hecho de que atraigas lo que deseas? La paz mental es muy atractiva. Además, no te interesa perder el dinero que has ahorrado con tanto esfuerzo.

Siguiendo con los seguros, no olvides proteger los documentos de valor. Cada uno de nosotros guarda los papeles y los objetos de valor a

su manera: la escritura de la casa en el cajón de un escritorio, las monedas de oro escondidas en una caja debajo de la ropa, los pasaportes en
una carpeta... Es perfecto, hasta que se rompe la cañería y se inunda la
casa, se produce un incendio o cae un árbol sobre el tejado. Cosas más
extrañas se han visto. Entonces, te das cuenta de lo valioso que eran
tus papeles. No esperes a que caiga un rayo. Anótalo y dispón de un
sábado para dedicarte a proteger tus documentos y objetos de valor,
hazlo bien esta vez. En caso de que desarrolles tu actividad laboral en
casa, haz lo mismo con todos los documentos e informes importantes
para tu empresa.

Quemando las naves

En el año 335 a.C., al llegar a la costa de Francia, Alejandro Magno de-
bió enfrentar una de sus más grandes batallas. Al desembarcar, comprendió que los soldados enemigos superaban en cantidad tres veces
mayor a su gran ejército.

Sus hombres estaban atemorizados y no encontraban motivación
para enfrentar la lucha, habían perdido la fe y se daban por derrota-
dos, el temor había acabado con aquellos guerreros invencibles.

Cuando Alejandro Magno hubo desembarcado a todos sus hombres en la costa enemiga, dio la orden de que fueran quemadas todas
sus naves. Mientras sus naves se consumían en llamas y se hundían
en el mar, reunió a sus hombres y les dijo: "Observen cómo se que-
man los barcos, ésa es la única razón por la que tenemos que vencer,
ya que si no ganamos no podremos volver a nuestros hogares y ninguno podrá reunirse con sus familiares nuevamente, ni podrá abandonar esta tierra que hoy despreciamos. Debemos salir victoriosos
de esta batalla, ya que sólo hay un camino de vuelta y es por mar.
Caballeros, cuando regresemos a casa, lo haremos de la única forma
posible, en los barcos de nuestros enemigos."

Cuántas veces la falta de fe, el temor y la inseguridad, el estar atado a lo seguro, nos priva de conseguir nuevos éxitos, nos hace renunciar a los cambios, nos hace renunciar a los sueños, nos hace negar los anhelos y las metas que están grabadas en lo más profundo de nuestros corazones.

Cuántas veces la seguridad de poseer algo, nos hace renunciar a la posibilidad de conseguir algo mejor.

Cuántas veces lo que tenemos fácilmente a nuestro alcance nos impide crecer, haciendo que la seguridad se convierta en mediocridad, en fracaso y monotonía.

Debemos saber que perseverando todo puede lograrse, que el amor y la fe nos dan la fuerza necesaria para obrar milagros en nuestras vidas, si así lo deseamos, que las personas perseverantes inician su éxito donde otras acaban su fracaso, que ningún camino es demasiado para un hombre que avanza decidido y sin prisa, teniendo claros sus objetivos.

El ejército de Alejandro Magno venció la batalla, y regresaron a su tierra a bordo de los barcos conquistados al enemigo.

Los mejores hombres no son aquellos que han esperado las oportunidades, sino quienes las han buscado y las han aprovechado a tiempo, quienes han asediado a la oportunidad, quienes la han conquistado. La conquista puede ser un amor, conocimientos, trabajo, riquezas materiales o espirituales, todo está al alcance de nuestras manos, cada uno de nosotros puede plantearse las metas y los objetivos que desee.

Es duro caer, pero es peor no haber
intentado nunca subir.

SECRETO 39

COMIENZA A ORGANIZARTE

Tómate el tiempo necesario para elaborar sistemas que te faciliten aún más la vida. Muchos de mis clientes, tanto empleados de empresas como profesionales, tienen la sensación de que les falta tiempo para organizarse. Están demasiado ocupados. El resultado es que trabajan en un medio ambiente caótico y demencial, rodeados de montones de papeles. Grave error. No comprenden que duplicarían su productividad si estuvieran organizados. Según los informes de los propios trabajadores, en el mundo laboral actual, casi la mitad del tiempo se pierde moviendo papeles de un lado a otro. Una encuesta aplicada a 14 empresas de siete ramos distintos reveló que los altos ejecutivos dedicaban 46% de su tiempo a papeleos innecesarios, los ejecutivos de nivel medio 45%, los profesionales de ventas 40% y el personal administrativo 51%. ¡Qué gran pérdida de tiempo! Es hora de comenzar a organizarse.

Empieza por reservar una hora a la semana estrictamente para organizar, sistematizar o automatizar, y no para hacer el trabajo que tengas en las manos. Podrías pasar esa hora, por ejemplo, enseñándole a un compañero cómo ocuparse de una tarea que hasta ahora siempre has hecho tú, o diseñando una hoja de cálculo en tu computadora que te evite hacer las cuentas manualmente, o domiciliando tus cuentas por pagar en el banco para no tener que hacer filas cada quincena. El tiempo que inviertas en organizar el sistema te dará grandes dividendos en tiempo ahorrado en el futuro. Pasa quince minutos archivando papeles, tirando los que no sirven y ordenando tu escritorio. Cuanto más te organices, sistematizando o automatizando los procesos, mayor será el tiempo del que dispongas para destinarlo a la ejecución de proyectos interesantes. Dedica una hora al día a organizar tu trabajo. Te sorprenderá comprobar la cantidad de tiempo libre que conseguirás. No sólo te sentirás más feliz, sino que tendrás el doble de productividad el resto del día o de la semana. Si realmente quieres tener éxito y realizarte plenamente, es vital que destines tiempo para organizarte.

Consejos para administrar correctamente el tiempo laboral

El tiempo es el capital más valioso del que podemos disponer. No puede regenerarse ni acumularse y, volátil como es, sólo nos permite usarlo o dejarlo escapar. Entonces, hay que usarlo de una forma inteligente.

Desde el punto de vista laboral, el tiempo es oportunidad de producir cosas. Muchas, si sabemos emplearlo; pocas, si lo dejamos correr en tareas no productivas.

He aquí algunas ideas para que líderes y colaboradores puedan administrarlo eficientemente:

✓ Nunca hace falta más tiempo, sino aprovecharlo mejor.

✓ Dedica una buena parte del mismo a actividades de planificación. Considera la planificación, y el incremento o desarrollo de nuevos negocios, como una tarea vital para tu empresa.

✓ Durante cada mes existen días considerados clave, en los que hay que cumplir sí o sí con ciertas tareas impostergables. En esas fechas, desconéctate del resto de los temas pendientes y evita concertar reuniones. Dedica toda tu energía a cumplir las metas que esos días te requieran.

✓ Aprende a delegar. Y esto no sólo se aplica al uso del tiempo, sino a toda gestión como tal. Nadie puede (ni debe) abarcarlo todo. No te conviertas en un hombre o mujer orquesta.

✓ Si debes ausentarte de la oficina por un viaje de negocios, reparte entre tus colaboradores las tareas que pueden instrumentarse durante tu ausencia. Evita volver y asumir un enorme volumen de trabajo pendiente.

✓ Recurre a métodos y *software* de control de proyectos.

✓ Determina debidamente qué es urgente, qué es importante y qué se puede posponer. Obra en consecuencia, pero tampoco desplaces siempre lo importante en aras de resolver un mar de urgencias.

✓ Cuenta con un lugar en la oficina, y un momento en el día, destinados a trabajar sin interrupción de ninguna clase, donde puedas concentrarte al máximo en ciertos temas.

✓ Enfoca todo tu esfuerzo en una tarea, y termina con ella antes de pasar a la siguiente. Evita dejar temas pendientes o resueltos a medias. Uno de los problemas que aqueja a los líderes es precisamente este: tratar multitud de temas al día, en forma muy rápida y casi sin interiorizarse debidamente de los mismos.

Las grandes obras son hechas no con la fuerza,
sino con la perseverancia.

SECRETO 40

ADMINISTRA
MEJOR EL TIEMPO

Todos nos quejamos de la falta de tiempo. Vivimos como si el tiempo fuese una cantidad fija, pero no lo es. Se expande y se contrae según la actividad que llevemos a cabo. La ironía es que, cuanto más ocupados estamos, más rápido parece pasar. Si quieres tener la sensación de controlar tu tiempo, te sugiero que practiques las siguientes actividades: reserva media hora todas las mañanas para planificar el día y reflexionar, y desarrolla el hábito de llegar diez minutos antes a cada entrevista o junta. ¿Has observado que los ejecutivos de más alto nivel siempre dan la impresión de tener tiempo libre? Cuando vas a comer con ellos, están esperándote, serenos, compuestos y tomando un aperitivo. Lo anterior es debido a que han desarrollado los hábitos correctos de administración del tiempo.

Cuanto más capaz sea una persona de dirigir conscientemente su vida, mayor será su tiempo disponible para utilizarlo de un modo constructivo.

Tengo la certeza de que pasamos más de la mitad de nuestro tiempo con personas que no nos gustan particularmente y haciendo cosas que nos dan poco placer. En consecuencia, no disponemos de tiempo para las personas y las cosas que realmente nos interesan.

Cuando no sabes en qué se te ha ido el dinero, la solución es llevar un registro de gastos durante un mes. Lo mismo sucede con el tiempo. ¿Trabajas arduamente, llegas temprano al trabajo y te marchas tarde y no te alcanza el tiempo para todo lo que debes hacer? ¿Sientes que el día no tiene suficientes horas para cumplir con todas tus tareas? ¿Pasas demasiado tiempo dedicándote a los asuntos rutinarios y no puedes dedicarte a los proyectos importantes tanto en la casa como en la oficina?

Durante una semana, anota cada 15 minutos en qué usas tu tiempo. Escribe todo lo que hagas desde el momento en que te levantes hasta que te vayas a dormir, incluso las llamadas telefónicas y los descansos para ir al baño o tomar un café. Ya sé que es una tarea tediosa, pero sólo necesitas hacerlo durante una semana y luego puedes explorar los datos y reorganizar tu vida de acuerdo con los resultados obtenidos. Para facilitarte esta tarea, consigue una agenda que ya tenga marcados los intervalos de quince minutos, de modo que sólo tengas que apuntar la actividad que haces. Además, escoge una semana normal, que refleje tus horarios habituales, no una de vacaciones. Entonces ya estarás en condiciones de comenzar tu registro del uso del tiempo.

Eres la única persona que verá estas anotaciones, así que no cambies tus horarios para mejorar el resultado. Registra con la mayor exactitud posible lo que haces durante una semana normal. Por supuesto, incluye cosas como bañarte, vestirte, secarte el cabello, preparar el desayuno, comerlo, leer el periódico, conducir al trabajo, platicar con tus colegas, planificar el día, responder el correo electrónico, enviar faxes, etc. Apúntalo todo. Al final de la semana, sabrás con exactitud en qué gastas tu tiempo y podrás tomar algunas decisiones inteligentes basadas en la realidad. Muchas personas se quedan consternadas cuando descubren la cantidad de tiempo que pasan haciendo tareas en apariencia importantes que en realidad no son satisfactorias, o que podrían delegar con facilidad.

Calcula con exactitud el empleo de tu tiempo y comprueba lo que haces realmente. Pregúntate si quieres pasarte la vida de esta manera o no. Luego, comienza a automatizar, delegar y eliminar las fuentes de pérdida de tiempo. Dedica el tiempo que ganes de esta manera a trabajar en uno de los grandes objetivos de tu vida.

Los diez mandamientos del éxito

1. Trabajar cada día como si la vida estuviera en juego, en forma inteligente, teniendo siempre la sabiduría de evitar las cosas que nos impiden mejorar nuestra calidad de vida.
   Hay que hacer siempre nuestro mejor esfuerzo, pues lo que se siembre ahora más tarde se cosechará.

2. Aprender que con paciencia se puede controlar el destino.
   Con paciencia se puede soportar cualquier adversidad; la paciencia es poder, y todo gran logro es el resultado de una espera paciente. La paciencia, a veces es amargura pero, siempre, nos da un fruto dulce.

3. Planear, trazar el camino con cuidado.
   A menos que se tracen planes y se establezcan objetivos, no se podrá alcanzar la victoria. Es imposible avanzar apropiadamente en la vida sin objetivos. Elabora los planes hoy mismo.

4. Prepararse para la oscuridad mientras se viaja bajo la luz del sol.
   Ninguna situación buena o mala será duradera. La vida se maneja por ciclos y hay que estar preparado para los altibajos que, como las grandes olas, se alzan y caen.

5. Sonreírle a la adversidad hasta que ésta se rinda.
   La adversidad y el fracaso pueden destruir al ser humano y la mejor forma de superarlas es entendiendo que la adversidad no es una condición permanente y el fracaso es sólo un paso más hacia el éxito.

6. Comprender que los planes son sólo sueños cuando no hay acción.
   Sólo el poder de la acción le da a la vida su fuerza y alegría. La vida es sólo un juego con pocos jugadores y muchos espectadores y la acción es el bálsamo que cura cualquier herida.

7. Sacudir las telarañas de la mente.
   La mente puede hacer del infierno un cielo o del cielo un
   infierno. La capacidad de olvidar es una virtud, no un defecto. Es
   mejor olvidarse de lo que no tiene solución.

8. Aligerar la carga si se requiere llegar a la meta.
   La carga deberá aligerarse a partir de hoy; si la riqueza
   se convierte en el equipaje se volverá una carga. Hay que
   simplificar la vida. Es más rico aquel que se contenta con menos.

9. Nunca olvidar que siempre es más tarde de lo que se piensa.
   Tener presente que no se puede vivir eternamente y comprender
   que todos hemos estado viviendo hora tras hora, desde el
   momento en que nacimos. Pero muchos tienen tanto miedo
   a morir que jamás viven; siempre será más tarde de lo que se
   piensa.

10. Esforzarse por ser uno mismo.
    Ser genuino y esforzarse por hacer las cosas de la mejor
    manera posible. Si se usan las capacidades especiales, se
    alcanzará el triunfo.

SECRETO 41

APAGA EL TELEVISOR

Ver televisión es una transición en un sólo sentido, que requiere absorber un determinado material sensorial, sea cual sea, de una determinada manera. De hecho, no existe otra experiencia en la vida que permita tanta absorción y exija tan poca expresión.

En su libro *Fluir*, una psicóloga de la felicidad, Mihaly, comparte décadas de investigación sobre la felicidad, aquellos periodos durante los cuales la dicha de la gente es tal, que hace que la vida realmente valga la pena. Sus investigaciones revelan que las experiencias de verdadera satisfacción acontecen en un estado de conciencia llamado *flujo*, un estado de concentración especial e intensa en que se experimenta una sensación de trascendencia.

Mihaly define numerosas actividades diferentes y las clasifica como de *flujo alto* o de *flujo bajo*. Las de flujo alto requieren un grado especial de concentración, lo cual quiere decir que la mente participa activamente en la actividad practicada. No nos es sorprendente entonces que la televisión sea una de las flujo más bajo. El mencionado estudio confirma lo que siempre sospeché: la televisión absorbe nuestra energía.

¿Cuánto tiempo hace que, una vez apagado el televisor después de ver un programa dijiste: "Ahora voy a comenzar a escribir una gran novela"? De hecho, ¿alguna vez has tenido ganas de hacer algo después de ver televisión? Sucede lo mismo con otras actividades parecidas, como los videojuegos. Después de que hayas calculado el uso de tu tiempo, sabrás exactamente cuánto te roba la televisión.

La adicción a la televisión tiene exactamente las mismas características que cualquier otra, ya sea a la comida, el juego, el alcohol o cualquier otra sustancia o actividad. Y, al igual que muchas adicciones, está aceptada y fomentada socialmente. Aun si no te interesa el programa de televisión, puede que lo mires sólo porque los demás lo hacen. El latinoamericano promedio pasa casi seis horas diarias delante del televisor. Es decir, 42 horas por semana. Tiempo más que suficiente para llevar a cabo un trabajo de tiempo completo.

Si crees que no te alcanza el tiempo, pásale el televisor a un amigo durante una semana y verás cuánto tiempo tienes disponible.

Trata de limitar tu tiempo frente al televisor. Selecciona los programas, y cuando terminen, apaga el aparato. Decide cuántas horas semanales dedicarás a ver la televisión y cumple con ese plan. No caigas en el hábito de mirar el programa siguiente sólo porque tienes el televisor encendido. ¡Cuidado! La televisión te exige un costo mucho mayor del que imaginas y reduce tu capacidad de atraer lo que deseas en la vida.

¿Qué puedo hacer para mejorar mi vida?

Existen cuatro cosas diferentes que puedes hacer para llegar a mejorar la calidad de tu vida y de tu trabajo, y son:

1. **Dedicarte más a ciertas cosas.** De entre todo lo que haces, selecciona las que más te importan, más te satisfacen y más repercusión tienen en tu futuro.

2. **Dedicarte menos a otras cosas.** Aquellas que no te estén ayudando mucho (o te estén perjudicando) en el logro de los objetivos que persigues.

3. **Empezar a hacer cosas que hoy no haces.** Adquirir nuevos hábitos, aprender nuevas habilidades, empezar proyectos nuevos.

4. **Dejar de hacer algunas cosas que estés haciendo.** Abandonar actividades y conductas que no son coherentes con los logros que ambicionas.

SECRETO 42

LLEGA DIEZ MINUTOS ANTES DE LA HORA

En verdad que la puntualidad es cortesía de los reyes; si ya tienes esa costumbre, perfecto, si no, ten por seguro que la manera más sencilla y fácil de ahorrar tiempo en tu vida es llegar diez minutos antes a cualquier cita profesional o personal que tengas. Suena más bien a pérdida de tiempo. Después de todo, podrías utilizar esos diez minutos para hacer otra llamada telefónica. En este caso, haciendo menos ganas más: más tiempo, más tranquilidad, más lucidez. Al llegar diez minutos antes de la hora, puedes ordenar tus ideas, ambientarte y relajarte. Pruébalo durante una semana, llega diez minutos antes de la hora a tus compromisos.

Un tiempo de reserva te ofrece la oportunidad de calmarte y pensar en el tema que debes abordar y en lo que dirás. Es un signo de verdadero profesionalismo.

Otra manera de ayudarte para llegar diez minutos antes de la hora es no prometer demasiado. En lugar de decir: "Estaré allí dentro de veinte minutos", di: "Estaré allí dentro de media hora". Así, aunque te encuentres atrapado en el tráfico, no harás esperar a tu cliente. Si el tráfico es fluido y llegas temprano, utiliza esos minutos para relajarte y respirar profundamente, o bien siéntate tranquilamente a esperar la hora de tu cita. Uno de mis clientes lleva su agenda consigo y aprovecha estos minutos para mejorar su planeación.

No desperdicies energía

¿Eres de los que a menudo se preguntan por qué no hizo más cosas durante el día? Si es así, aquí tienes algunas ideas para incrementar tu productividad.

✓ Evita las conversaciones de oficina usuales al inicio del día. Los lunes, especialmente, pueden convertirse en charlas muy largas.

✓ Haz un plan de actividades diariamente, y síguelo al pie de la letra.

✓ Lleva a cabo el proyecto o asunto más importante al inicio del día.

✓ No dudes en tomar breves recesos cuando sientas que es necesario. Si no lo haces, tu productividad disminuirá.

✓ Trabaja en segmentos o bloques, haz actividades de rutina simultáneamente y sin pensar mucho.

✓ No brinques de un trabajo a otro, termina uno y luego procede con el siguiente.

✓ Revisa tu progreso periódicamente durante el día. Ajusta tu programa cuando sea necesario.

Algunas personas prefieren trabajar temprano en la mañana, otras más tarde, incluso tarde en la noche. No es asunto de correcto o incorrecto, es simplemente preferencia personal.

Si identificas adecuadamente el momento en el que funcionas mejor, sabrás cuándo programar las tareas clave.

Piensa también en cómo te gusta aumentar tus niveles de energía. Algunos prefieren hacer alguna actividad física, otros prefieren una siesta o algo de comer o tomar. Identifica y escribe qué funciona para ti.

SECRETO 43

TERMINA TU TRABAJO
EN LA MITAD DEL TIEMPO

Todo trabajo se expande hasta llegar a ocupar todo el tiempo disponible para su completo dcesarrollo. La solución es reducir la cantidad de tiempo que necesitas para hacerlo. Por lo general, si la gente tiene prisa, hace su trabajo en la mitad del tiempo que emplearía normalmente. No es una broma. ¿No te ha pasado alguna vez que un día antes de salir de vacaciones logres vaciar el cajón que llevaba semanas abarrotado? No hay nada como un incentivo para activarse.

¿Cómo podrías hacer tu trabajo en la mitad del tiempo? Tendrás que encontrar una solución creativa, pero bien vale la pena el esfuerzo. Podrías utilizar el tiempo que te queda libre para tus propios proyectos, para pensar en las perspectivas futuras de tu vida o de tus actividades laborales, poner al día tu correspondencia o enviar notas de agradecimiento.

Si tienes mucho trabajo acumulado en tu escritorio, conecta la alarma del reloj para que suene a una hora y trata de ganarle al reloj. ¿Tienes que ordenar muchos archivos? Destina una mañana para hacerlo. Ponte de acuerdo con un amigo o amiga que tenga su propio proyecto de trabajo y juntos denle seguimiento de manera telefónica cada hora, o como ustedes lo consideren necesario.

El objetivo final es disponer del mayor tiempo posible para las cosas buenas de la vida. Las personas que viven plenamente, que tienen una existencia placentera, atraen la prosperidad y las buenas oportunidades. De modo que toma las medidas necesarias para tener tu trabajo hecho en la mitad del tiempo que empleas actualmente.

Los 10 mandamientos del supervisor

1. Analiza y programa el empleo de tu tiempo. El tiempo es tu más precioso recurso y, además, irrecuperable. Sé avaro con él.

2. El respeto a la dignidad de las personas es la clave de las relaciones humanas. Otorga sin discriminaciones, un trato ecuánime, considerado y respetuoso a tus colaboradores.

3. La buena supervisión es aquella que logra un justo equilibrio entre los derechos e intereses de los colaboradores de la empresa y los de sus propietarios. Busca siempre este equilibrio.

4. Un supervisor sensato es el que mantiene una honrada posición entre el presente y el futuro en cuanto al objetivo de obtenerse beneficios crecientes. No sacrifiques el porvenir de la empresa para mostrar este año utilidades espectaculares.

5. No concentres funciones. Asume el riesgo de delegar. Así desarrollarás el potencial latente de tus colaboradores y podrás dedicar más tiempo a tu trabajo específico de dirección.

6. No es posible el desarrollo de una empresa sin el crecimiento de sus recursos humanos. Sé un maestro en seleccionar, promover, estimular y educar a tus colaboradores.

7. Como miembro del sector dirigente más dinámico de la sociedad, el supervisor debe estar a la vanguardia en la permanente adquisición de conocimientos. Mantente al día en formación e información.

8. Todo negocio tiene sus líneas productivas básicas. Cuando pienses en el desarrollo de nuevas líneas, no desperdicies lo cierto por andar detrás de lo incierto. Sueña un poco pero jamás dejes de ser realista.

9. Los actos y ventajas indebidos impugnan a la integridad moral. No violes los principios éticos, aun en beneficio de la empresa, será tu mejor decisión como supervisor.

10. Balance. No todo ha de ser negocios, no caigas en una sola dimensión o área. Enriquece tu vida en el amor y el afecto a tu cónyuge, tus amistades, tus hijos, la humanidad, la naturaleza; e incrementa la atención y tu entusiasmo por otros valores humanos.

SECRETO 44

PREGÚNTATE: ¿QUÉ ES LO MÁS IMPORTANTE PARA MÍ HOY?

Es fácil llenarse de preocupaciones y olvidar lo verdaderamente importante. Para ayudarte a planificar tu día de trabajo, cada mañana, antes de empezar a trabajar, hazte las siguientes tres preguntas y tómate unos minutos para anotar las respuestas:

1. ¿Qué es lo más importante para mí hoy?
2. ¿Qué debo hacer hoy?
3. ¿Qué es lo más importante con respecto al futuro?

Responder a estas preguntas facilitará la planificación del día y te ayudará a enfocarte en lo importante, sin que nada te distraiga. Luego, considera lo que debes hacer durante el día. Te darás cuenta de que, por lo general, hay pocas cosas que debes hacer hoy mismo. Puede ser muy liberador. Si encuentras muchos *debo*, eso quiere decir que no tienes la costumbre de preguntarte: "¿Qué es lo importante con respecto al futuro?". Ésta es la pregunta que te ayuda a planificar. ¿Qué es lo que podrías preparar hoy una vez que hayas terminado con todos tus *debo*? ¿El informe para la semana siguiente? ¿El cincuenta aniversario de boda de tus abuelos, que será dentro de dos semanas? No dejes de hacerte las tres preguntas y pronto te pondrás al día con los *debo*.

Se han escrito muchísimos libros acerca del concepto del manejo del tiempo. Si te concentras en estas tres preguntas, tu vida será mucho más fácil y además tendrás tiempo para leer esos libros.

En cualquier caso, los asuntos no incluidos en tus respuestas a las preguntas propuestas son, por lo general, una pérdida de tiempo, de modo que puedes hacerlos a un lado.

29 puntos de un buen líder

1. Se enfoca en lo importante.
2. Encarna la visión del cambio.
3. Promueve la creatividad.
4. Crea oportunidades.
5. Sabe que nada es para siempre. Los conocimientos tampoco.
6. Busca constantemente mejorar sus resultados.
7. Promueve y encauza los cambios en la organización.
8. Es carismático.
9. Desarrolla la empatía.
10. Construye excelentes relaciones.
11. Sabe delegar responsabilidades.
12. Evita compararse con otros.
13. Incentiva en sus colaboradores la confianza en sí mismos.
14. Crea imágenes positivas y las utiliza como inspiración.
15. Busca administrar correctamente el tiempo laboral.
16. En las reuniones de trabajo, lleva información y toma decisiones.
17. Sabe negociar.
18. Un líder puede, de hecho, expandir su liderazgo en otras áreas.
19. Organiza equipos de trabajo altamente efectivos.
20. Sabe destacar y recompensar los logros de sus colaboradores.
21. Es tolerante con los errores ajenos.
22. Cambia las reglas del juego cuando considera que ya no son útiles.
23. Posee un esquema de pensamiento positivo.
24. Es flexible, incluso con su forma de ver las cosas.
25. Colabora eficazmente con otros líderes.
26. Contrata excelentes profesionales.
27. Reduce todo a lo esencial.
28. Asume riesgos calculados y actúa.
29. Ayuda a que otros mejoren.

SECRETO 45

HAZ UNA SOLA
COSA A LA VEZ

La eficacia no consiste en apresurarse para hacer diez cosas al mismo tiempo, permítete lograr una sola cosa a la vez. De hecho, es lo único que puedes hacer. Acéptalo y concéntrate en llevar a cabo una actividad a conciencia y bien a la primera vez. Ya te escucho protestar porque tú no sólo puedes hacer múltiples tareas al mismo tiempo, sino que debes hacerlas porque trabajas en un lugar estresante y tienes un montón de cosas que terminar.

Tu vida es una serie de comienzos, cambios y pausas. Dado que sólo puedes hacer una sola cosa a la vez, hazla a conciencia, enfocado y deliberadamente, en lugar de fingir que haces tres. Te quitarás un gran peso de encima. Cuando, a conciencia, hice una sola cosa a la vez en mi oficina, sentí que controlaba mis tareas en lugar de que me agobiaran. Tratar de hacer más de una cosa a la vez es muy estresante, y las personas estresadas no son de ninguna manera atrayentes. Esta semana, empéñate en hacer una sola cosa a la vez.

Siete pasos hacia el éxito

1. **Haz el compromiso de crecer a diario.** Uno de los errores más graves que cometen las personas es tener el enfoque equivocado. El éxito no llega por obtener o adquirir una posesión material.

   Llega sólo como resultado del crecimiento. Si haces que tu meta sea crecer un poco todos los días, no pasará mucho tiempo antes de comenzar a ver resultados positivos en tu vida. El poeta

Robert Browning lo dijo así: "¿Por qué permanecer en la tierra si no es para crecer?"
Ten siempre la humildad para aprender de las personas que te rodean, asiste a cursos o conferencias de superación personal, escucha audiolibros de motivación, adquiere el hábito de la lectura y procura siempre rodearte de personas que aporten algo positivo a tu vida.

2. **Valora más el proceso que los sucesos.** Los sucesos específicos de la vida son buenos para tomar decisiones, pero es el proceso de cambio y crecimiento lo que tiene valor perdurable.

   Si quieres pasar al siguiente nivel, lucha por mejorar continuamente. Atrévete a disfrutar del proceso, así como un árbol comienza con sólo una semilla y es necesario su crecimiento para la obtención de su fruto, así también tu vida necesita madurar en el día a día si quieres estar preparado para el momento en que lleguen los grandes desafíos.

   Recuerda que la mejora continua es un camino, no una meta. Te invito a que disfrutes de este viaje.

3. **No esperes inspiración.** El gran jugador de basquetbol Jerry West* dijo: "No podrás conseguir mucho en la vida si sólo trabajas los días en que te sientes bien". La gente que llega lejos lo logra porque se motivan a sí mismos y dan lo mejor de sí, a pesar de cómo se sienten. Asume el reto de vencer cada día tus emociones, efectuando alguna tarea que no deseas hacer, y conocerás el gran pago de la perseverancia, recuerda: "No dejes que tus acciones sigan a tus sentimientos, haz que tus sentimientos sigan a tus acciones."

4. **Está dispuesto a sacrificar el placer por la oportunidad.** Una de las lecciones más importantes que aprendí de mis padres es el principio de pague ahora, disfrute después. Por todo en la vida

---

* Uno de los mejores de todos los tiempos, de hecho, el logo de la NBA tiene su figura.

hay que pagar un precio. Tú decide si lo pagarás al principio o al final. Si lo pagas al principio, entonces disfrutarás enormes recompensas al final... y esas recompensas saben mucho más dulce.

5. **Sueña en grande.** No vale la pena soñar con algo pequeño, Robert J. Kriegel y Louis Pattler, autores de *Si no está roto, rómpalo*, aseguran: "No tenemos ni un indicio de cuales son los límites de las personas. Las pruebas, los cronómetros y las líneas de llegada en todo el mundo no pueden medir el potencial humano".

Cuando alguien anda en busca de su sueño, sobrepasará sus aparentes limitaciones. El potencial que existe dentro de nosotros es ilimitado y sumamente inexplorado. Cuando piensas en límites, entonces los creas.

6. **Establece tus prioridades.** Algo que tienen en común todas las personas exitosas es que dominan la destreza de manejar su tiempo. Lo primero y más importante es que se han organizado a sí mismas. Henry Kaiser, fundador de Kaiser Aluminum y Kaiser Permanent Healt Care, dice: "Cada minuto ahorrado en planificación le ahorra dos en ejecución". Nunca recuperarás el tiempo perdido, por lo que debes sacar el máximo provecho de cada momento.

7. **Sacrifica para crecer.** No se consigue nada de valor sin sacrificio. La vida esta llena de momentos críticos en los que tendrás la oportunidad de cambiar una cosa que valoras por otra. Espera esos momentos con los ojos abiertos y asegúrate siempre de cambiar para bien, no para mal.

Si te dedicas a seguir estos siete pasos, entonces irás mejorando y tendrás éxito. Quizás tu crecimiento no sea repentinamente muy obvio para otros, pero verás tu progreso casi de inmediato. Aunque el reconocimiento de los demás podría llegar con mucha lentitud, no te desanimes. Continúa esforzándote y, al final, triunfarás.

SECRETO 46

¡HAZLO YA!

Responder de inmediato es un detalle que atrae a los demás, porque es algo muy raro, incluso cuando parece obvio. Es raro porque la mayoría de las personas lo dejan para más tarde. De hecho, para poder responder de inmediato, puede que necesites mejorar y racionalizar tus sistemas y cambiar por entero tu manera de responder.

¿Cómo hacer para responder de inmediato? Mi lema es: "Hazlo ya". Cuando me sorprendo con una hoja de papel en la mano, pensando: "Lo veré más tarde", me digo: "No, hazlo ya". De otro modo, pierdo mucho tiempo porque todo se me traspapela.

¿Qué es lo que dejas sin hacer? Quizá pagues un precio innecesario, en términos de tiempo y energía. Todo lo que no hagas ahora lo tendrás que hacer más tarde. Si esperas, el hecho de saber que tienes que hacerlo te absorberá espacio mental y te agobiará, con el peso añadido de tratar de no olvidarte luego. Si realmente no lo puedes hacer de inmediato, colócalo en un archivo de asuntos pendientes y apunta en tu agenda la fecha y la hora en que lo harás.

¿Qué cambios requieres para reestructurar tu vida de tal manera que puedas responder de inmediato? Quizá colocar un pequeño cartel en tu escritorio que diga: "¡Hazlo ya!".

¿Águila o gallina?

Dentro de cada uno de los seres humanos existe el águila o la gallina, ¿cual de ellas domina en tu interior? Todos queremos ser felices y alcanzar el éxito, pero buscamos de una forma equivocada; la felicidad plena y el éxito no se encuentran fuera, se hallan en el interior de tu propio ser.

La solución a todos tus problemas, a todas tus angustias, el poder convertir en realidad tus sueños y alcanzar todas tus metas, radica en tu mente. Todo lo que necesitas hacer es escuchar tu propio subconsciente.

Un antiguo cuento indio nos enseña la indiscutible verdad de nuestras creencias interiores y su poder en el desarrollo pleno del ser.

Un guerrero indio se encontró un huevo de águila, el cual recogió del suelo y colocó más tarde en el nido de una gallina. El resultado fue que el aguilucho se crió junto a los polluelos. Así, creyéndose gallina, el águila se pasó la vida actuando como ésta. Rascaba la tierra en busca de semillas e insectos para alimentarse. Cacareaba y cloqueaba. Al volar, batía levemente las alas y agitaba escasamente su plumaje, de modo que apenas se elevaba un metro sobre el suelo. No le parecía anormal; así era como volaban las demás gallinas.

Un día vio que un ave majestuosa planeaba por el cielo despejado.

Volaba casi sin batir sus resplandecientes alas dejándose llevar gallardamente por las corrientes de aire, la luz del sol acariciaba su plumaje mostrándola como un ser casi divino.

—¡Qué hermosa ave! —le dijo a la gallina que se hallaba a su lado—. ¿Cuál es su nombre?

—Águila, la reina de las aves —le contestó ésta—. Pero no te hagas ilusiones: nunca serás como ella.

El águila dejó, en efecto, de prestarle atención.

Y con el tiempo murió creyendo que era gallina…

Este cuento nos enseña la fuerza que tienen los pensamientos. Tu cerebro, tu mente es la maquinaria del potencial ilimitado de tu ser, ahí es donde puedes programar tu misión en la vida, tus sueños, tus valores y principios, pero también, es donde puedes programar tu incapacidad, tus limitaciones, tus frustraciones, tus miedos, y falsas expectativas acerca de ti mismo. Así, como puedes ver, el resultado positivo o negativo que obtengas en la vida, depende básicamente de lo que depositaste en tu mente. La miopía mental no nos permite vislumbrar las capacidades y potenciales que todos los seres tenemos para triunfar. Si tú crees que puedes, lo harás. El llamado al éxito y la riqueza es universal, no es para unos cuantos, ya que nadie fue creado para ser un mediocre. Tú naciste con una misión especial en la vida, que Dios te ha dado, pero que posiblemente no has hecho valer. Tu paso por este mundo no es una simple casualidad; más bien, es una causalidad.

Para diferenciar casualidad y causalidad entendamos el siguiente principio:

—   Si tu auto está estacionado en la vía pública y de improviso se parte una enorme rama y le cae encima haciéndolo añicos... ésta es una casualidad.

—   Si vas a estacionar tu auto en la vía pública, y ves que están talando árboles los trabajadores del servicio municipal y te comentan que una rama puede caer en el auto si lo estacionas ahí, pero a ti no te importa y lo estacionas y la rama cae justo encima del auto haciéndolo añicos... ésta es una causalidad. Tú fuiste el causante de la circunstancia.

Entonces, podemos inferir que tu paso por este mundo es una causalidad. Tú te encuentras en este mundo por algo, existe una causa especial por la cual estás aquí, pero sólo tú tienes el derecho de hacer valer tu propia causa o puedes optar por negarte la oportunidad y seguir siendo una gallina.

Muchos me preguntan: "¿Cómo puedo saber cuál es mi misión en ésta vida?"

—Yo no te puedo decir a ti lo que tienes que hacer, pero te puedo decir lo que han hecho otros.

La madre Teresa de Calcuta se hacía la misma pregunta y pidiendo consejo a su director espiritual sobre su vocación le preguntó:

—¿Cómo puedo saber que Dios me llama y para qué me llama?

Él le contestó:

—Lo sabrás por tu felicidad interior. Si te sientes feliz por la idea de que Dios te llama para que le sirvas a él y a tu prójimo, ello será la prueba de tu vocación. La profunda alegría del corazón es como una brújula que indica la dirección a tomar en la vida, uno tiene que seguirla, incluso cuando esa brújula lo conduce por un camino sembrado de dificultades.

Descubrir tu potencial de ser águila en esta vida exige de tu parte el compromiso de volar alto y, para llegar a esto, tendrás que afinar algunos puntos en tu interior:

1.   Cambiar de mentalidad y darte cuenta de que sí puedes hacerlo; si otros lo han hecho realidad, ¿por qué tu no? Lo que tu mente puede crear y creer lo puede realizar.

2. Compromete tu ser con tu misión en la vida, todo lo que hagas hazlo con amor y con la mentalidad de servir a los demás. Y cuando vueles, disfrútalo, sin importar los resultados inmediatos.

3. Si fallas, no decaigas, regresa al camino, rectifica en lo que te equivocaste y vuelve a intentarlo. El águila que alcanza a dominar las alturas es aquella que también conoce el dolor de una fuerte caída. Fracaso no significa que debemos darnos por vencidos, denota que tenemos que luchar con mayor determinación para lograr el éxito.

4. Date cuenta de que no estás solo, Dios está contigo, si tu fe es lo suficientemente poderosa y te entregas de corazón a su voluntad, Él nunca fallará. El ser humano es imperfecto; Dios es perfecto. Si tú te equivocas Él no.

5. Ponte metas altas y lucha por alcanzarlas. Nunca dejes tus metas inconclusas, lucha y esfuérzate por ganar, sólo aquel que da la milla extra en la carrera encontrará la meta. Esfuérzate por alcanzar la meta: ganar, ¿acaso hay otra alternativa?

6. Rodéate de estrellas en la vida; para alcanzar una estrella, aprende de ellas. Si sólo te rodeas de gente negativa, violenta, sin escrúpulos, pronto te convertirás en lo mismo. Lucha por mantener dentro de tu círculo de amistades sólo a personas con valores y aprende de ellas. Aquel que realmente te quiere es quien te reta a superarte.

7. Traza un plan y trabaja arduamente para lograr los objetivos deseados; sólo aquel que sabe a dónde va, llegará a su destino con certeza. No escatimes tiempo en planear, éste se convertirá en tu mapa para alcanzar tus sueños; cada vez que se te olvide el camino, busca el mapa y retómalo para alcanzar tu meta. "Siempre daré un paso más. Si ése no es suficiente, daré otro y aún otro. En realidad, un paso a la vez no es muy difícil."

El fracaso tiene mil excusas y el éxito no requiere explicación. Cada vez que no logramos algo, tenemos una magnífica disculpa; el mediocre busca instintivamente una justificación para su fracaso y, por supuesto, siempre desempeña el papel de víctima, de gallina. Y tú, ¿qué eres: un águila o una gallina?

SECRETO 47

HAZ UN BUEN TRABAJO

Cuando damos lo mejor de nosotros mismos, nunca sabemos qué milagro se producirá en nuestra vida o en la de los demás.

Aparentemente, la manera de ahorrar tiempo es lograr que el trabajo esté hecho con la mayor rapidez y calidad posible. Si bien a corto plazo puede ser cierto, hacer verdaderamente un buen trabajo ahorra tiempo a largo plazo y te produce el espacio mental y la lucidez que necesitas para emprender el siguiente proyecto. Un trabajo efectuado a conciencia no te causará más preocupaciones. ¿Cómo lograrlo? La solución es enfocarse en el desarrollo de un trabajo de calidad, bien hecho a la primera. Haz que ésta sea la política de tu empresa, departamento o área de trabajo, y verás desaparecer los problemas. Sentirás que tienes mucho espacio mental el día que para ti sea una norma hacer un trabajo de calidad, con el cual excedas las expectativas de tus clientes.

Los siete fundamentos del éxito

Ante todo, quiero aclararte que para llevar una vida plena debes seguir lo que te diga tu corazón, debes determinar claramente cuáles son las cosas que te hacen feliz, éste es el primer gran paso para crearte una vida exitosa. Los siguientes son los siete mecanismos activadores básicos que pueden garantizarte éxito y que han sido aplicados por grandes líderes y personas de éxito:

Primero. ¡La pasión! Todas las personas exitosas han descubierto una razón que las guía, les da energía, casi las obsesiona, y las impulsa a actuar, a progresar, a destacar. Es la fuerza que propulsa su éxito poniendo en juego el desarrollo y la aplicación de sus capacidades.

La pasión que pone a un deportista como Roger Federer en la cima. Es la pasión lo que impulsa a los investigadores en informática que invierten años en crear una innovación capaz de llevar a hombres y mujeres al espacio y hacerles regresar sanos y salvos. Por pasión, uno madruga y trabaja hasta altas horas de la noche, sin sentir apenas cansancio.

Pasión es lo que quiere encontrar la gente en sus relaciones; la pasión da vigor a la existencia y le confiere vitalidad y sentido. No se alcanza la grandeza sin una pasión por ser y hacer algo grande; no importa si las aspiraciones son las de un atleta o las de un científico, las de un padre de familia o las de un hombre de negocios.

Segundo. ¡La fe! Todas las religiones nos hablan del poder de la fe y de las creencias de la humanidad. Son las creencias lo que distingue principalmente a quienes destacan en algo grande de quienes fracasan, ya que nuestra fe en lo que somos y podemos llegar a ser determina con bastante exactitud lo que seremos. Si creemos en la magia, tendremos una vida mágica; si creemos en las limitaciones de la vida, nos habremos puesto límites muy reales en nuestra existencia.

Es muy probable que veas concretar todo aquello que creas verdadero, posible o real. Muchas personas tienen la pasión, pero debido a lo que creen de ellas mismas y de cómo valoran sus posibilidades, nunca llegan a emprender las acciones que les permitirían convertir sus sueños en realidades. La pasión y la fe se combinan para dar el "combustible", el impulso que lleva a la excelencia.

Pero no basta con el impulso, como tampoco no basta arrancar un coche para que te lleve a donde quieres. Además de esa fuerza, se necesita un objetivo, una noción inteligente de progresión lógica. Para dar en nuestro blanco requerimos, además, el siguiente rasgo.

Tercero. ¡La estrategia! La manera de organizar tus recursos. Todo gran artista del espectáculo, político, padre de familia o líder sabe que para triunfar no basta con los recursos; es preciso utilizarlos del modo más eficaz. Buscar una estrategia equivale a admitir que el talento y la pasión, por sobresalientes que sean, siempre necesitan encontrar un camino bien orientado, para sacar el mejor beneficio de ellos.

Espero que hayas reflexionado sobre cómo aplicar en tu vida los tres principios anteriores, ahora pasemos al resto de ellos.

Cuarto. ¡La claridad de los valores! Los valores son sistemas de creencias que nos sirven especialmente para juzgar lo que está bien y lo que está mal en nuestras vidas; son nuestros juicios acerca de lo que vale la pena. Muchas personas no tienen una noción clara de lo que es importante para ellas; a menudo, hacen cosas por las que luego se sienten descontentas de sí mismas.

Cuando contemplamos a los grandes triunfadores, vemos que casi siempre son personas comprometidas con su sistema de valores. Una comprensión clara de tus valores es una de las claves más exigentes, y al propio tiempo más gratificantes, para alcanzar la excelencia. En el supuesto de que la estrategia que elegiste te exigiese hacer cosas contrarias a tus creencias inconscientes sobre lo que está bien o mal para tu vida, no funcionará, por bien planificada que estuviese. Esto les pasa a aquellas personas que empiezan a triunfar, pero acaban por sabotear su propio éxito porque tenían un conflicto interno entre los valores individuales y la estrategia seguida para alcanzar el éxito.

Quinto. ¡La energía! La energía puede ser la entrega total y jubilosa. A la excelencia difícilmente se llega paseando a ritmo demasiado tranquilo. Los triunfadores se apoderan de las oportunidades y les dan forma. Viven como obsesionados por las maravillosas ocasiones de cada día, convencidos de que lo único que no le sobra a nadie es el tiempo. En el mundo son muchos los que tienen una pasión en la que creen a ciegas, y conocen la estrategia que les permitiría satisfacerla, y tienen un orden claro de valores, pero simplemente carecen de la vitalidad física que necesitarían para actuar como ellos saben. El triunfo a lo grande es inseparable de la energía física, intelectual y psíquica que se necesita para sacar el máximo provecho de nuestras posibilidades.

Sexto. ¡Poder de adhesión! Casi todos los triunfadores tienen en común una extraordinaria capacidad de adhesión; es decir, un talento para conectar y establecer relaciones con las demás personas, independientemente de sus orígenes sociales y sus creencias. Los grandes triunfadores (Mandela, la madre Teresa, Gandhi) poseen siempre la cualidad de crear lazos que les unen con millones de contemporáneos. El mayor triunfo no sucede en los escenarios del mundo, sino en los repliegues íntimos del corazón. Y, en el fondo, todos deseamos el aprecio y respeto de los demás, pues sin ellos cualquier éxito o cualquier triunfo nos dejarían insatisfechos.

Séptimo. ¡Maestría en las comunicaciones! La forma en que nos comunicamos con otros, y en que nos comunicamos con nosotros mismos, determinan, en último término, la calidad de nuestra vida. Las personas que tienen éxito son las que han aprendido a aceptar cualquier desafío que les presente la vida y a comunicar esa experiencia consigo mismos de tal manera que logran cambiar las cosas, transformándolas en algo mucho mejor.

Las personas que fracasan se resignan ante las adversidades de la vida y las asumen como limitaciones. La gente que influye en nuestra existencia y en nuestra cultura es también maestra en comunicarse con los demás. En ellas encontramos la capacidad de transmitir una visión, una búsqueda, una alegría o una misión. El dominio de las comunicaciones es lo que hace a los grandes padres, los grandes trabajadores, los grandes artistas, los grandes políticos y los grandes maestros.

Como te das cuenta, para triunfar no basta sólo con desearlo ardientemente, sino que hay que conocerse bien, trazar un plan de acción que esté de acuerdo con nuestros valores, ser flexible para ir corrigiendo sobre la marcha y estar dispuesto a hacer todo lo necesario para llegar a la meta con persistencia. Pero si la pasión es fuerte, ningún esfuerzo parecerá demasiado grande; todo lo contrario, te motivará a seguir adelante con tu sueño hasta transformarlo en realidad.

SECRETO 48

Construye relaciones sólidas y enriquecedoras

Pregúntales a las personas de éxito que conoces, que han prosperado y se han realizado plenamente, cómo lo lograron y te dirán que no lo hicieron solos. Necesitamos de los demás para que nos apoyen y nos estimulen, los necesitamos para que nos den ideas y amistad, y para que en nuestra vida exista amor y bondad. Tus posibilidades de éxito aumentarán notablemente si conoces a personas valiosas.

Si nos fijamos bien, lo que queremos es trabajar con personas que nos gusten y en las que confiemos, aunque otra gente pueda ofrecernos un mejor servicio. Nos atraen las personas que no necesitan de los demás. Por lo tanto, uno de los elementos clave a la hora de realizarnos y de atraer las mejores personas y oportunidades, es identificar y solventar nuestras propias necesidades. Ahora es el momento de tomar en cuenta las necesidades afectivas y entablar amistades enriquecedoras y duraderas. Del mismo modo que necesitamos más dinero del que creemos, también necesitamos más amigos y más amor de lo que suponemos. Estamos acostumbrados a desenvolvernos con lo suficiente. Siempre vivimos al límite y el sólo hecho de existir es a veces estresante. Si quieres llegar a realizarte, necesitas más que lo suficiente: una abundancia de amigos que te quieran y de colegas que te apoyen.

Tener más de lo que necesitas puede ser lo único verdaderamente importante si quieres atraer todo lo que deseas y que los éxitos vengan a ti como una abeja va a la flor. Te hace falta tanto como para acabar con cualquier sentimiento de necesidad. Todos conocemos esos nexos en los que una persona necesita tanto a la otra que termina por alejarla en su desesperación por atraerla. Siempre es más atractiva la persona que no necesita de los demás para solventar sus carencias.

Este principio de "no necesitar" es válido no sólo en el ámbito de las relaciones personales, sino en todos los aspectos de la vida. Si no necesitas dinero, es más fácil que lo atraigas (de ahí el dicho "el rico será más rico y el pobre, más pobre"). Haz la prueba de ir al banco exactamente en el momento en que tienes una necesidad urgente y que quieras que te concedan un interés bajo. Lo más probable es que lo rechacen porque ya tienes demasiadas obligaciones. Sin embargo, si tienes dinero ahorrado y pides un crédito (no lo necesitas), es más fácil que lo consigas.

Las cosas aparecen y se ofrecen por sí mismas cuando no media la urgente necesidad de ellas. La desesperación se huele y provoca el alejamiento. Es el mayor callejón sin salida de la vida. Lo mismo sucede con los amigos. Si tienes muchos, te será fácil atraer otros nuevos. Instintivamente nos acercamos a las personas amistosas y confiables, a las que todo el mundo quiere.

Satisfacer tus necesidades reduce tu estrés de manera drástica. Andar por el mundo con un estilo de superviviente no es una conducta muy atractiva. La mayoría de las personas no son ni siquiera conscientes de cuáles son sus necesidades, y pocas son las que las tienen satisfechas. No obstante, es un proceso esencial para atraer una plenitud que, sin duda, cambiará tu vida. Si no te tomas el tiempo necesario para ver cuáles son tus verdaderas necesidades, puede que te pases la vida corriendo detrás de las cosas que crees que te dan la felicidad, pero que en el fondo están muy lejos de satisfacerte.

Cómo lograr el éxito profesional

La vida profesional requiere de ciertas actitudes que deben observarse para alcanzar la optimización de las relaciones personales, la utilización de recursos y el camino hacia el éxito. Aspectos a tener en cuenta para lograrlo:

✓ **Busca siempre obtener resultados:** todo lo que hagas debe tener una consecuencia positiva. Más que centrarte en hacer muchas cosas, concéntrate en conseguir la meta planteada.

✓ **Ponte siempre la camiseta de la empresa:** crear un compromiso con la organización en la que se trabaja es básico. El apoyo es indispensable para hacer posible su constante mejoramiento, cuidando así su imagen y su esencia misma.

✓ **Ten siempre una actitud positiva y de servicio:** no te angusties con los problemas, debes tomarlos como oportunidades. En la vida no hay obstáculos: existen momentos para crecer, proyectarse y llevar a cabo actividades benéficas para los demás.

✓ **Enfócate en la solución de los problemas:** si se observa fríamente, el trabajo consiste en esto precisamente. Cada uno de los obstáculos es una oportunidad de desarrollar cualquier habilidad.

✓ **Mantén siempre un espíritu de colaboración:** las acciones de cada persona forman una cadena que está perfectamente interconectada. Cada quien pone su granito de arena, y si se trabaja en colaboración con los demás, el trabajo resultará más efectivo. Mantente siempre motivado.

✓ **Podemos dar más de lo que creemos que somos capaces:** es importante adoptar la función de motivadores y premiar a la gente cuando tiene un acierto.

✓ **Identifica una acción simple con la cual ponerte en movimiento y romper la inercia:** una vez en marcha, comenzarás a sorprenderte a ti mismo al darte cuenta de que te será más fácil continuar el proceso.

✓ **Mantén el buen juicio:** las decisiones conforman el quehacer diario, y para efectuarlas correctamente hay que verificar que la información de la que se dispone sea lo más completa posible. Si ésta proviene no sólo de una fuente, sino de varias, mucho mejor. Aunado a ello, hay que ser flexibles, abiertos e innovadores.

✓ **Guarda respeto por los reglamentos:** aunque hay que romper paradigmas, también debes tomar en cuenta que no vives en una isla. Si crees que las reglas establecidas no funcionan y obstaculizan el desempeño, busca proponer reformas.

✓ **Capacítate permanentemente:** ésta es la mejor medicina contra la obsolescencia. Si deseas seguir siendo competitivo, la preparación diaria es muy importante. Una organización no es una estación a la que se llega, es un tren en el que se viaja permanentemente.

✓ **Sé humilde y sencillo:** elimina todo lo ostentoso. Disminuye la arrogancia, pues es un gran impedimento para el desarrollo laboral.

La vida es una sola; en ella hay que aprender a disfrutar y engrandecer las cosas más importantes: la salud, el amor, la familia, la capacidad para ayudar, crear y contribuir.

RODÉATE DE UN GRUPO DE BUENOS AMIGOS

¿Qué es el reconocimiento y el prestigio sin amigos para amar, disfrutar y celebrar nuestros logros? Necesitas de muchos amigos que te quieran y te apoyen. Hay gente que se siente bien teniendo un sólo amigo íntimo. Si bien esto puede ser suficiente, las personas que triunfan en todos los aspectos de la vida suelen tener muchos amigos íntimos.

Es obvio que no puedes encontrar cinco grandes amigos íntimos en una semana, pero puedes abrir tu corazón a nuevas amistades. También, puedes crear un club, formar parte de una asociación o dedicarte a un pasatiempo en el que encuentres gente con intereses similares a los tuyos. Presta atención a las personas en tu trabajo, en las reuniones sociales y en las fiestas. Si alguien te parece interesante y distinto, haz el esfuerzo de acercarte y conocerlo.

Las personas que tienen éxito suelen ser el centro de un sólido grupo social que las respalda. Hoy en día, poca gente vive en el mismo lugar en que nació. La manera más sencilla de formar parte de un grupo social es permanecer en el mismo lugar durante largo tiempo. Así, pasas a formar parte de la ciudad y la gente te conoce. En las ciudades pequeñas, prácticamente todo el mundo se conoce. En otras épocas, el hecho de formar parte de una comunidad o grupo social se daba por sentado. La gente ha olvidado la importancia vital de pertenecer a un grupo social que ofrezca amor y apoyo. Nunca podrás dar lo mejor de ti si no eres parte integrante de un grupo de amigos.

Si todavía no eres parte de este tipo de grupo sólido que te pueda sostener, ya es hora de que te integres a uno. Crea el tuyo o entra en uno ya existente. Una vez que lo encuentres, únete a él y no lo abandones. La intimidad y la confianza vendrán con el tiempo.

La carpintería

Fue una reunión de herramientas para arreglar sus diferencias. El martillo ejerció la presidencia, pero la asamblea le notificó que tenía que renunciar. ¿La causa? ¡Hacía demasiado ruido! y, además, se pasaba todo el tiempo golpeando. El martillo aceptó su culpa, pero pidió que también fuera expulsado el tornillo, pues había que darle muchas vueltas para que sirviera de algo.

Ante el ataque, el tornillo aceptó también, pero a su vez pidió la expulsión de la lija. Hizo ver que era muy áspera en su trato y siempre tenía fricciones con los demás.

Y la lija estuvo de acuerdo, a condición de que fuera expulsado el metro que siempre se la pasaba midiendo a los demás según su medida, como si fuera el único perfecto.

En eso entró el carpintero, se puso el delantal e inició su trabajo. Utilizó el martillo, la lija, el metro y el tornillo.

Finalmente, la tosca madera inicial se convirtió en un lindo juego de ajedrez. Cuando la carpintería quedó nuevamente sola, la asamblea reanudó la deliberación. Fue entonces cuando tomó la palabra el serrucho, y dijo: "Señores, ha quedado demostrado que tenemos defectos, pero el carpintero trabaja con nuestras cualidades. Eso es lo que nos hace valiosos. Así que no pensemos ya en nuestros puntos malos y concentrémonos en la utilidad de nuestros puntos buenos".

La asamblea encontró entonces que el martillo era fuerte, el tornillo unía y daba resistencia, la lija era especial para afinar y limar asperezas y observaron que el metro era preciso y exacto.

Se sintieron entonces un equipo capaz de producir y hacer cosas de calidad. Se sintieron orgullosos de sus fortalezas y de trabajar juntos. Ocurre lo mismo con los seres humanos. Observen y lo comprobarán. Cuando en una empresa el personal busca a menudo defectos en los demás, la situación se vuelve tensa y negativa. En cambio, al tratar con sinceridad de percibir los puntos fuertes de los demás, es cuando florecen los mejores logros humanos.

Es fácil encontrar defectos, cualquiera puede hacerlo, pero encontrar cualidades, eso es para los espíritus superiores que son capaces de inspirar todos los éxitos humanos.

SECRETO 50

HAZ UN TRABAJO QUE AMES

A estas alturas del libro, ya has aumentado tu energía natural, hacía mucho que no gozabas de tanto tiempo y espacio como ahora, te rodea un grupo de personas que te apoyan y te quieren y vas en camino hacia la independencia económica. Digamos que debes llevar una buena vida. La pregunta es: ¿qué quieres hacer?

Algunas personas parecen nacer sabiendo cuáles son sus dones y talentos innatos y saben exactamente lo que quieren hacer en su vida. Nadie atrae tanto éxito como la persona que hace lo que le gusta. Cuando uno hace lo que ama, le brillan los ojos, su vida es afortunada, plena, llena de energía y de alegría. Uno se siente contento, satisfecho y entusiasmado. En vista de todo esto, ¿por qué no tratamos de ver lo que amamos realmente? Es terrible el tiempo que perdemos haciendo lo que no nos place. Las últimas investigaciones señalan que, en el mundo occidental, más de 50% de las personas hacen un trabajo que no les corresponde. Dada la cantidad de quejas que escucho en las reuniones sociales, parece ser una afirmación muy exacta. La gente más feliz es la que se gana la vida haciendo lo que más le gusta. Para eso, hay que poner manos a la obra. No esperes que te ofrezcan pagarte antes de hacerlo, porque nunca lo conseguirás, de modo que lo mejor será que te decidas a hacerlo ya o pasarás toda tu vida sin conocer la alegría de trabajar en aquello que disfrutas haciendo. Hacer lo que te gusta te rejuvenece, te da mayor energía de la que requieres. La gente a tu alrededor te querrá más porque tu ánimo será alegre y relajado, y les transmites tu energía positiva, contagiándolos. Los siguientes consejos te ayudarán a aprovechar esa energía que ya tienes, a potenciar tus dones naturales y a seguir sin esfuerzo la dirección que quieras tomar.

El carpintero

Un carpintero ya entrado en años estaba listo para retirarse. Le dijo a su jefe que entre sus planes quería dejar el negocio de la construcción para llevar una vida más placentera con su esposa y disfrutar de su familia. Él iba a extrañar su cheque mensual, pero necesitaba retirarse. Ellos superarían esta etapa de alguna manera.

El jefe lamentaba ver que su buen empleado dejaba la compañía y le pidió que si podría construir una sola casa más, como un favor personal. El carpintero accedió, pero se veía fácilmente que no estaba poniendo el corazón en su trabajo. Utilizaba materiales de inferior calidad y el trabajo era deficiente. Era una desafortunada forma de terminar su carrera.

Cuando el carpintero terminó su trabajo y su jefe fue a inspeccionar la casa, éste extendió al carpintero las llaves de la puerta principal.

"Ésta es tu casa, es mi regalo para ti." ¡Qué tragedia! ¡Qué pena! Si solamente el carpintero hubiera sabido que estaba construyendo su propia casa, la hubiera hecho de modo totalmente diferente. Ahora tendría que vivir en la casa que construyó no muy bien que digamos. A veces, también construimos nuestras vidas de manera distraída, reaccionando cuando deberíamos actuar, dispuestos a poner en ello menos que lo mejor. En puntos o aspectos importantes, no damos lo mejor de nosotros mismos. Entonces, vemos con pena la situación que hemos creado y encontramos que estamos viviendo en la casa que hemos construido. Si lo hubiéramos sabido antes, la habríamos hecho diferente. Piensen como si fueran el carpintero. Piensen en su casa. Cada día clavamos un clavo, levantamos una pared o edificamos un techo. Construyan con sabiduría. Es la única vida que podrán construir. Inclusive si sólo la viven por un día más, ese día merece ser vivido con gracia y dignidad. La placa en la pared dice: "La vida es un proyecto de hágalo-usted-mismo." ¿Quién podría decirlo más claramente? Su vida ahora es el resultado de sus actitudes y elecciones del pasado. Su vida mañana será el resultado de sus actitudes y elecciones hechas ¡hoy!

*Los únicos errores que cometemos en la vida
son las cosas que no hacemos.*

SECRETO 51

DISEÑA TU VIDA IDEAL

En la vida tiene que haber algo más que sentarse a ver tele mientras se dobla y ordena la ropa. La vida puede ser una experiencia extraordinaria, todo depende de ti.

Antes de comenzar a diseñar tu carrera ideal, necesitas diseñar tu vida ideal. La mayoría de las personas se proponen objetivos demasiado pequeños porque no creen posible lograr algo mayor y mejor. Ahora es el momento de pasar por encima de tus limitaciones y creencias y encontrar lo que realmente quieres en la vida. El mayor error que la gente comete es el de tratar de diseñar su vida en función de su profesión. Es mejor hacerlo al revés. Comienza por diseñar tu vida ideal y luego decide la profesión que necesitarías para conseguirla.

Tu vida ideal es eso, ideal. No tiene por qué ser semejante en lo más mínimo a tu vida actual. Considera las siguientes preguntas:

¿Dónde quieres vivir?

¿Quién quieres ser?

¿Con quién te gustaría compartir el mayor tiempo posible?

¿Cómo describirías a tu pareja ideal?

¿Qué clase de vivienda te gustaría tener?

¿Qué clase de trabajo te gustaría hacer?

¿Qué harías para divertirte?

¿Cómo sería un día normal?

Ahora, describe tu vida ideal con detalles precisos y vívidos. Apúntalo en tu diario o en una libreta especial para ese fin. Dibuja imágenes de lo que deseas. O escríbelo en tu computadora. Si no sabes dibujar y no te agrada escribir, recorta y pega.

Si queremos sentirnos plenamente satisfechos en la vida, necesitamos luchar por algo, nuestro ideal, nuestros sueños.

Comienza por incorporar a tu vida normal todos los aspectos que puedas de tu vida ideal. Inicia con pequeños pasos que te conduzcan hacia el lugar en donde quieres estar el día de mañana y muy pronto habrás llegado.

Mensajes para recordar

✓ Conviértete en la clase de persona que ilumina la habitación con sólo entrar en ella.

✓ Brinda a tus clientes lo mejor de ti.

✓ Sé emprendedor.

✓ Comprende que la felicidad no se basa en posesiones, poder o prestigio, sino en las relaciones con las personas que amas y respetas.

✓ Alaba hasta las mejoras más pequeñas.

✓ Permanece con una mente abierta, flexible, curiosa.

✓ Comienza cada día escuchando tu música favorita.

✓ Envía muchas tarjetas en el día de la amistad. Fírmalas como "alguien que piensa que eres increíble".

✓ Entusiásmate ante el éxito de otros.

✓ No te demores, haz lo que tienes que hacer cuando debe ser hecho.

✓ Define muy bien tus prioridades. Nadie ha dicho en su lecho de muerte: "¡Si sólo hubiera pasado más tiempo en mi oficina!"

✓ Comparte el crédito por un trabajo bien hecho.

✓ Haz más de lo que esperan de ti.

✓ Mejora tu desempeño al mejorar tu actitud.

✓ Contesta el teléfono con un tono de voz entusiasta.

✓ Trata de hacerlo bien a la primera vez.

✓ Ríe mucho. Un buen sentido del humor cura casi todas las enfermedades de la vida.

✓ Nunca subestimes el poder de una palabra o de una acción amable.

✓ No temas decir: "No sé, me equivoqué", "necesito ayuda" o "lo siento".

✓ Conserva lápiz y papel cerca de tu cama. Las ideas millonarias surgen a veces a las tres de la mañana.

✓ Respeta a todos los que trabajan para vivir, sin importar el tipo de trabajo de que se trate.

✓ Cuando encuentres un trabajo ideal, tómalo sin considerar la paga. Si en verdad lo es, tu salario reflejará pronto tu valor para la compañía.

✓ Busca siempre la oportunidad para hacer sentir importantes a los demás.

✓ Mantén la mente abierta a las nuevas ideas.

✓ Recorre todo el trayecto. Cuando aceptes una tarea, conclúyela.

✓ Quiere a las personas que te rodean por lo que son, no por lo que quisieras que fueran.

✓ Mantén varias velas encendidas.

✓ Nunca subestimes el poder de las palabras para aliviar y reconciliar las relaciones.

✓ Tu mente puede sostener un sólo pensamiento a la vez; que éste sea positivo y constructivo.

✓ Conviértete en el ejemplo a seguir de alguien importante para ti.

✓ Cuenta las bendiciones que has recibido.

✓ Anualmente lee los 10 libros más vendidos.

✓ Conserva un registro diario de lo que logras en el trabajo. Cuando solicites un aumento, tendrás la información que requieres para respaldarlo.

✓ No juzgues a las personas por sus parientes.

✓ Habla despacio, pero piensa rápido.

SECRETO 52

DESCUBRE TU TALENTO ESPECIAL

Existen dos tipos de talento, el que el hombre consigue con su esfuerzo y el que Dios le concede. Con el primero, debes luchar mucho. Con el que te concede Dios, sólo tienes que retocarlo de vez en cuando.

Todos poseemos algún talento, habilidad o don especial, algo que hacemos mejor que ninguna otra persona. Con frecuencia, ni siquiera nos damos cuenta de su existencia porque es tan natural que forma parte de nosotros. Tendemos a creer que, puesto que para nosotros es tarea fácil, para los demás también debe serlo. No es exactamente así.

Nos gusta pensar que el trabajo es arduo, que si no lo hacemos con el sudor de nuestra frente, no merecemos que nos paguen por él. Una vez más, no es así. De hecho, suele ser lo contrario: la gente que gana mayor cantidad de dinero ama su trabajo y posee cierta habilidad instintiva para hacerlo, habilidad que ha desarrollado y perfeccionado.

Si no puedes imaginar cuál es tu talento especial, pregúntales a tus amigos, a tu familia y a tus colegas. Ellos te lo dirán. Creo que es fácil. He aquí algunas preguntas que puedes hacerles:

1. ¿Cuál crees que es mi punto fuerte?
2. ¿Qué talento o don innato ves en mí? ¿Qué es lo que hago naturalmente sin esfuerzo y que sea especial?
3. Si yo saliera en la portada de una revista, ¿qué revista sería y qué dirían de mí?
4. ¿Cuándo expreso plenamente este don o talento?

El próximo paso es comenzarle a darle prioridad a tu don. Con eso, me refiero a que lo expreses, lo compartas con los demás, lo concretes, lo apliques, lo vivas. Recuerda que tu habilidad especial te resulta tan natural que probablemente la das por supuesta.

Así pues, te aconsejo que comiences. Haz algo que te permita expresar plenamente tu don innato. Luego, reflexiona sobre la manera de incorporarlo a tu vida y el universo te empujará en esa dirección.

24 cosas para recordar... y una para nunca olvidar

Recuerda siempre que:

1. Tu presencia es un regalo para el mundo.
2. Eres una persona única en un millón.
3. Tu vida puede ser como tú quieras que sea.
4. Vive cada día con intensidad.
5. Cuenta tus alegrías, no tus desdichas.
6. Lucha contra la adversidad que se presente.
7. Dentro de ti hay infinitas respuestas.
8. Comprende, ten valor, sé fuerte.
9. No te impongas límites.
10. ¡Hay tantos sueños que esperan ser realizados por ti!
11. La vida es demasiado importante como para librarla al azar.
12. Lucha por tu ideal, tu sueño, tu premio.
13. No hay nada que desgaste tanto como las preocupaciones.
14. Cuanto más carguemos con un problema, más pesado se hace.
15. No te tomes las cosas con tanta seriedad.
16. Vive una vida de serenidad, no de lamentos.
17. Recuerda que un poco de amor recorre un largo camino.
18. Recuerda que mucho es para siempre.
19. Recuerda que la amistad es una sabia inversión.
20. Los tesoros de la vida son las personas unidas.
21. Nunca es tarde para mejorar.
22. Transforma lo cotidiano en extraordinario.
23. Ten salud, esperanza y felicidad.
24. Pídele un deseo a una estrella.

Y jamás olvides... ni siquiera por un día... cuán especial eres.

SECRETO 53

HAZ LO QUE AMAS

Vivir es una de las cosas más raras en el mundo. La mayoría de las personas sólo existen.

Todo en la vida es una forma de energía. Si quieres tener, sin esfuerzo, una vida plenamente realizada, lo más sensato sería seguir el rumbo de la corriente de energía, del fluir de la vida, y no ir en contra. Eso significa seguir las fuerzas naturales en lugar de luchar contra ellas. Si quieres ir a un lugar navegando en tu canoa, la manera más rápida de llegar a tu destino es siguiendo el flujo de la corriente del río. ¿Cómo sabrás si vives siguiendo el fluir de la vida? Porque las cosas buenas vendrán a ti con facilidad y disfrutarás de lo que haces. Quizá sea un trabajo arduo, pero no representa una penosa y desgastante lucha.

Cuando Michael Jordan jugaba basquetbol, trabajaba mucho, pero no sufría y no era desdichado, se percibía que disfrutaba plenamente. Cuando tú trabajas mucho, pero sientes pasión por tu actividad, disfrutas aunque te agotes. Como es lógico, tienes que trabajar para que la balsa siga la corriente, pero no es la lucha tremenda que supone navegar en contra. El trabajo puede ser muy divertido. Algunas de las personas mejor pagadas en el mundo se ganan la vida jugando, como es el caso de las grandes estrellas del deporte. Las personas que se realizan con mayor plenitud, no sólo hacen lo que aman, sino que poseen un talento innato en la actividad que desarrollan y llegan a ser aún mejores y a dominar completamente su profesión u oficio.

Una manera de saber qué carrera te gustaría seguir es comenzar a hacer lo que amas con mayor frecuencia. Si te gusta bailar, inscríbete en clases de baile. Si te gusta leer, considera la posibilidad de participar en un club de lectura o de crear uno. Si te gusta hacer inversiones, toma un curso acerca del tema. Sea lo que sea, comienza a incorporarlo a tu vida. Cuanto más te comprometas con una actividad de flujo, una en la que brilles y te sientas en plenitud, más atraerás lo bueno de la vida. Eso no significa que tengas que dejar de lado tu trabajo actual y ganarte la vida bailando. Puede resultar que es un pasatiempo agradable, pero no una profesión.

En un principio, lo mejor es seguir la corriente de la nueva actividad poco a poco y observar adónde te lleva.

Comienza por elegir la línea de menor resistencia. Trabaja para una empresa cuyos productos sientas que son satisfactorios y útiles. Haz una tarea que convenga a tu talento especial. Cásate con alguien que comparta tus objetivos. Hay mucha energía en el mundo, y puedes vivir a favor o en oposición a ella. Tú escoges. Si tu trabajo te resulta tan difícil que te pesa sobremanera, es probable que no sea el adecuado para ti. Cuando lo es, te gusta hacerlo, por más difícil que parezca.

La vida no es una complicada operación de cirugía cerebral. Sólo debes hacer lo que te sale instintivamente y con facilidad, y por una vez, dejar que las cosas buenas vengan a ti.

El buscador

Ésta es la historia de un hombre que yo definiría como un buscador... Un buscador es alguien que busca, no necesariamente alguien que encuentra. Tampoco es alguien que, necesariamente, sabe qué es lo que está buscando. Es simplemente alguien para quien su vida es una búsqueda.

Un día, el buscador sintió que debería ir a la ciudad de Kammir. Él había aprendido a hacer caso riguroso a esas sensaciones que venían de un lugar desconocido de sí mismo, de modo que dejó todo y partió.

Después de dos días de marcha por los polvorientos caminos, divisó a lo lejos la ciudad. Un poco antes de llegar al pueblo, una colina a la derecha del sendero le llamó mucho la atención. Estaba tapizada de un verde maravilloso y había un montón de árboles, pájaros y flores bellas. La rodeaba por completo una especie de valla de madera lustrada... Una portezuela de bronce lo invitaba a entrar.

De pronto, sintió que olvidaba el pueblo y sucumbió ante la tentación de descansar por un momento en ese lugar. El buscador traspasó el portal y caminó lentamente entre las piedras blancas que estaban distribuidas como al azar, entre los árboles. Dejó que sus ojos se posaran como mariposas en cada detalle de este paraíso multicolor. Sus ojos eran los de un buscador, y quizá por eso descubrió sobre una de las piedras, aquella inscripción: "Aquí yace Abdul Tareg. Vivió 8 años, 6 meses, 2 semanas y 3 días". Se sobrecogió un poco al darse cuenta que esa piedra no era simplemente una piedra, era una lápida. Sintió pena al pensar que un niño de tan corta edad estuviera enterrado en ese lugar. Mirando a su alrededor, el hombre se percató de que la piedra de al lado tenía también una inscripción. Se acercó a leerla; decía: "Aquí yace Yamir Kalib. Vivió 5 años, 8 meses y 3 semanas".

El buscador se sintió terriblemente abatido. Ese hermoso lugar era un cementerio y cada piedra, una tumba. Una por una leyó las lápidas. Todas tenían inscripciones similares: un nombre y el tiempo de vida exacto del muerto. Pero lo que más lo conectó con el espanto fue comprobar que el que más tiempo había vivido sobrepasaba apenas los 11 años. Embargado por un dolor terrible, se sentó y se puso a llorar. El cuidador del cementerio, que pasaba por ahí, se acercó. Lo miró llorar por un rato en silencio y luego le preguntó si lloraba por algún familiar. "No, ningún familiar", dijo el buscador. "¿Qué pasa con este pueblo? ¿Qué cosa terrible hay en esta ciudad? ¿Por qué tantos niños muertos enterrados en este lugar? ¿Cuál es la horrible maldición que pesa sobre esta gente que los ha obligado a construir un cementerio de niños?"

El anciano respondió: "Puede usted serenarse. No hay tal maldición. Lo que sucede es que aquí tenemos una vieja costumbre. Le contaré: cuando un joven cumple quince años sus padres le regalan una libreta como ésta que tengo aquí colgando del cuello. Y es tradición

entre nosotros que, a partir de ese momento, cada vez que uno disfruta intensamente de algo, abra la libreta y anote en ella, a la izquierda, qué fue lo disfrutado y a la derecha, cuánto tiempo duro el gozo.
Conoció a su novia, y se enamoró de ella. ¿Cuánto tiempo duro esa
pasión enorme y el placer de conocerla? ¿Una semana? ¿Dos? ¿Tres
semanas y media? Y después, la emoción del primer beso, la fiesta de
bodas, ¿cuánto duró la alegría del matrimonio? ¿Dos días? ¿Una semana? ¿Y el casamiento de sus amigos? ¿Y el viaje más deseado? ¿Y el
encuentro con quien vuelve de un país lejano? ¿Cuánto tiempo duro
el disfrutar de esas sensaciones? ¿Horas? ¿Días?

"Así, vamos anotando en la libreta cada momento que disfrutamos.
Cuando alguien muere, es nuestra costumbre abrir su libreta y sumar
el tiempo anotado, para escribirlo sobre su tumba, porque es, amigo
caminante, el único y verdadero tiempo vivido."

Vive intensamente, con pasión, y sanamente, el presente, al lado
del ser amado. Sólo de esa manera podrás pedirle a Dios más libretas
qué llenar y harás de tu vida algo realmente inolvidable.

SECRETO 54

DÉJATE GUIAR
POR LA INTUICIÓN

Seguir lo que te dicta la intuición es otra forma de encontrar el trabajo y la vida que sueñas. Es sencillo, primero tienes que aprender a distinguir entre todas tus pequeñas voces, variadas y a veces contradictorias. Una es la voz de lo racional, una construcción mental que representa tu aspecto intelectual, y otra es la voz de la intuición, intrínsecamente visceral. La intuición siempre es el reflejo de tus verdaderos intereses, mientras que la mente puede crearte problemas porque opera con los *deberías* de la vida.

Tu intuición desconoce la opinión de la sociedad, sólo se interesa por ti. Si tienes demasiadas ocupaciones, será difícil que oigas su voz, porque la maraña de pensamientos lo impedirá.

Serénate y siéntate diez minutos sin hacer nada, excepto darle la oportunidad a tu intuición para que se exprese. Es también una excelente manera de comenzar.

Por otra parte, la mente intuitiva parece tener acceso a una reserva infinita de información. Tiene la capacidad de entrar en la mente universal, un inmenso depósito de conocimiento y sabiduría. También puede elegir esta información para proveernos de lo que realmente necesitamos. Aunque los mensajes lleguen poco a poco, si aprendemos a hacer caso de este aporte de información, podremos establecer el curso de acción a seguir. A medida que aprendemos a confiar en esta guía, la vida adquiere la cualidad de fluir sin esfuerzo. Así, nuestra vida, nuestros sentimientos y nuestros actos se entretejen armoniosamente con las personas que nos rodean.

Desarrollar gradualmente tu intuición y dejar que te guíe, te llevará a escuchar cada vez menos a tu mente racional, a la voz de la razón. Tus actos seguirán más a tus sentimientos. Escucharás a todo tu cuerpo y dejarás que las cosas se desplieguen aunque sea de un modo que carezca de lógica evidente.

No es una cosa mágica. La científica Candace B. Pert explica en su fascinante libro *Las moléculas de la emoción*, la conexión molecular existente con nuestras emociones. Hay diferentes moléculas asociadas con la alegría, la tristeza, el miedo y cada una de nuestras distintas emociones. Tus sensaciones intuitivas son esencialmente reales. Hay moléculas concretas detrás. Por lo tanto, es hora de que empieces a escuchar los mensajes que tu cuerpo y todos tus sentidos te envían.

Si todo es una forma de energía, también lo son nuestros pensamientos negativos, y la gente los detecta, tal como la radio detecta las ondas. Nuestros pensamientos son limitados, no están registrados ni por el tiempo ni por la distancia. Comienza a escuchar la voz de tu intuición y comprobarás lo que sucede. Verás que tus decisiones son más acertadas y que las buenas cosas vienen a ti.

Sueño

Una vez en el lugar más hermoso del universo vivía un niño llamado Sueño, que anhelaba crecer y conocer otros mundos.

Sueño se la pasaba por allá en lo alto, por las nubes jugando y jugando todo el día. Una vez Sueño se dio cuenta que él no crecía como crecían sus amigos; además, empezó a sentirse muy débil y poco a poco perdió sus ganas de jugar.

Un gran día, Dios desde el cielo, al ver a su amado hijo Sueño tan débil, envió un mensajero celestial en su ayuda; el mensajero llevaba consigo un maletín muy especial que contenía alimentos Divinos para así fortalecer y hacer crecer a Sueño.

Desde el mismo instante en que aquel mensajero llegó, Sueño empezó a sentirse mejor y mejor, ya que cada día aquel mensajero lo alimentaba con aquellos celestiales manjares.

Muchos caldos de constancia con fuerza, platos muy nutritivos de voluntad y trabajo, postres elaborados con un poco de paciencia, fantásticos jugos hechos con decisión y lo más importante, tratándolo con mucha confianza y, sobre todo, mucho amor a Dios.

Sueño creció y creció, y llegó a dejar de ser Sueño para convertirse en Meta y, claro que siguió jugando, pero ya no por las nubes, sino aquí en la tierra, cada vez más; así, conoció otros mundos, mundos como la felicidad y la satisfacción, y un día no muy lejano, Meta dejó de ser Meta y se transformó en Realidad.

SECRETO 55

ENCUENTRA TU CAMINO
EN LA VIDA

Las personas que saben lo que quieren en la vida, que tienen una estrategia, una visión, un propósito o un objetivo, son más prósperas y afortunadas que las que no lo saben. Si tienes un propósito, una dirección a seguir, atraerás a la gente que tiene interés en ir en esa misma dirección. Incluso es posible que atraigas a personas que no compartan tus intereses, pero a las que les resulte atrayente el hecho de que disfrutes plenamente con tu actividad.

¿Cuál es tu propósito en la vida? ¿Para qué estás aquí? ¿Qué es lo que debes lograr o aprender? ¿Qué te dice tu alma, tu corazón, que hagas? Puede ser tan sencillo como pasártela bien y dar alegría a quienes te rodean. Escribe una declaración en donde especifiques tu propósito en la vida. Veamos algunas posibilidades:

— Aprender y amar con la mayor plenitud posible.
— Ser un agente de cambio y crecimiento.
— Pasármela muy bien y reírme todo lo que pueda.
— Llegar a tener independencia económica.
— Formar una familia sana y dichosa.
— Ser un feliz viajero.

Un propósito no necesariamente tiene que ser algo de gran trascendencia. Cabe la posibilidad de que tengas una visión tan amplia como la de Bill Gates (una computadora en cada escritorio, todas con el *software* de Microsoft) o de Martin Luther King (la igualdad para todas las personas). Quizá quieras luchar por la conservación del medio ambiente o por la paz del planeta. Pero no necesitas cambiar al mundo. Comienza por lo pequeño, con algo relativo a tu persona, y luego a tu familia, a tu calle o a tu colonia. Con un objetivo o propósito para cada mes o para el año, sabrás en qué concentrar tus esfuerzos y te resultará más fácil aprovechar las oportunidades que se te presenten.

El disfrute de la vida

Éste es el verdadero disfrute de la vida: ser
utilizado para un propósito.

Reconocer en uno mismo a alguien poderoso; ser una
fuerza de la naturaleza en lugar de un individuo
egoísta, pequeño, acalenturado, lleno de temores
y achaques, quejándose porque el mundo no se dedica
a hacerlo feliz.

Creo que mi vida pertenece a toda la humanidad,
y mientras yo viva es mi privilegio hacer por ella
cuanto pueda.

Quiero ser utilizado totalmente antes de morir. Entre
más duro trabaje, más demostraré mi amor, mi
regocijo en la vida por la vida misma.

La vida no es para mí una vela efímera, es una
antorcha espléndida a la que estoy asido por el
momento y quiero que se queme tan brillantemente
como sea posible antes de entregarla a las
generaciones futuras.

George Bernard Shaw

SECRETO 56

EN LUGAR DE TRABAJAR DURO, HAZLO CON INTELIGENCIA

Nunca deja de asombrarme que la gente diga: "En lugar de trabajar duro, hazlo con inteligencia", cuando es evidente que no es lo que está haciendo. En esta sección, aprenderás la manera de llegar a ser una persona excepcionalmente eficaz, productiva y efectiva, haciendo menos, no más. Es probable que hayas escuchado de la regla del 80/20, según la cual 80% de nuestros resultados provienen del 20% de nuestros esfuerzos. En teoría, si pudieses averiguar cuál es ese 20% de esfuerzos eficaces, podrías eliminar el 80% restante sin mayores problemas. Eso es trabajar con mayor inteligencia.

Ahora comprobarás que, a menudo, con menos trabajo se producen mejores resultados. Cuando tienes demasiadas ocupaciones y estrés y trabajas muy duro, pierdes el enfoque de lo que es realmente importante, cometes errores por descuido y pierdes de vista las grandes oportunidades que están a tu alcance. Si uno está muy ocupado y cansado, llega a ignorar hasta los mensajes sutiles y termina creándose más problemas de los necesarios. Si haces continuamente una tarea aburrida, sólo lograrás agotarte.

Es fácil caer en la trampa de trabajar arduamente en una sociedad que asume el hecho de estar lleno de ocupaciones como un sinónimo de realización personal.

A menudo veo cómo la gente trabaja cada vez con mayor esfuerzo para no conseguir otra cosa que alejarse de lo que quiere obtener. Por supuesto que hay que llevar a cabo el trabajo requerido, pero en forma más inteligente, es decir, hacerlo cada vez más con la mente y cada vez menos con las manos. Los siguientes consejos te enseñarán la manera de trabajar con mayor inteligencia, de un modo más ameno y con éxito, ya sea para obtener tus objetivos personales o profesionales.

Cómo vencer los obstáculos

El motivo de que tantas personas tengan que pasar buena parte de su vida luchando contra sus actitudes negativas y conductas destructivas es que no se dan cuenta de que la realidad es el resultado de lo que pensamos. Si no adoptas la disciplina de ser positivo, de ponerte a tono con mensajes positivos y de rodearte de personas positivas, el mundo terminará por minar tus fuerzas. Si en cambio, te nutres de cosas positivas, tus resultados serán positivos.

Es imposible querer hacerlo todo en un fin de semana. Sin embargo, lo que te separa del éxito, la riqueza y la salud es sólo una buena idea, y la decisión de tenerla está en tus manos.

La transición comienza en la soledad, en el silencio. Sólo en el silencio del espíritu es posible mirar a Dios a su rostro y hablarle. Es en medio del silencio donde nos encontramos a nosotros mismos y nuestro propósito en la vida. Winston Churchill reprobó sexto año. Tuvo que esperar cumplir 62 años para convertirse en el primer ministro de Inglaterra, luego de una vida de derrotas y reveses.

Se puede triunfar valiéndose únicamente del propio ser, pero al final todo es vacío. El hecho es que somos seres espirituales, y que habitamos en un mundo espiritual en el que nos es imposible comprender muchas cosas. El sólo hecho de estar vivos ya es un milagro, el primero de nuestra vida como seres espirituales con experiencias humanas.

La vida es interesante gracias a los obstáculos. A todos nos gusta la oposición y la competencia, en el buen sentido; nos hacen crecer. ¿Por qué temerles entonces si nos fortalecen y mejoran? "El esfuerzo sólo ofrece recompensas cuando no se está dispuesto a abandonarlo."

Principios básicos para vencer los "obstáculos"

1. Imaginar lo que deseamos —no realista, sino idealmente— en todos los aspectos de la vida: salud, felicidad, relaciones, finanzas.

2. Escribir: "Voy a mantenerme sano comiendo bien y haciendo ejercicio 30 minutos al día".

3. Visualizar lo que lograremos, verlo hecho realidad antes de alcanzarlo.

4. Formar un equipo que nos ayude a realizar nuestros sueños, lo que significa conseguir un mentor con el cual mantengamos armonía y podamos generar una sinergia dinámica.

La historia ha demostrado que los triunfadores más notables suelen enfrentar obstáculos colosales para triunfar. Se impusieron por negarse al desaliento tras la derrota.

✓ Después de que Fred Astaire presentó su primera prueba para la pantalla, el entonces director de audiciones de la MGM escribió en un mensaje, fechado en 1933: "¡Pésimo actor! ¡Y baila muy mal!" Astaire conservó este memo sobre la chimenea de su residencia en Beverly Hills.

✓ Un experto dijo acerca del entrenador Vince Lombardi: "Sus conocimientos de futbol americano son mínimos. Le falta motivación".

✓ El filósofo Sócrates fue llamado *corruptor de menores*.

✓ Louisa May Alcott, autora de *Mujercitas*, fue instada por su familia a buscar trabajo como sirvienta o costurera.

✓ Beethoven manejaba torpemente el violín y prefería tocar sus composiciones a mejorar su técnica. Su maestro declaró que era un caso perdido.

✓ Los padres del cantante de ópera Enrico Caruso querían que fuera ingeniero. Su maestro sentenció que carecía de voz y no podría cantar.

✓ Los maestros del inventor Thomas Alva Edison aseguraban que su estupidez llegaba al grado de impedirle aprender cualquier cosa. Cuando inventó el foco eléctrico, tuvo que hacer antes más de 10 mil experimentos. Un joven reportero le preguntó qué sentía al fracasar tantas veces. "No fracasé una sola vez", contestó. "Inventar el foco resultó un proceso de más de 10 mil pasos".

✓ Albert Einstein no aprendió a hablar hasta la edad de cuatro años, y luego comenzó a leer cumplidos los siete. Su maestro lo describió como "de mente lenta, no sociable y perdido siempre en sueños absurdos". Se le expulsó de varias escuelas, y se le negó la admisión a la escuela politécnica de Zurich.

✓ Louis Pasteur fue un alumno universitario mediocre, en el curso de química alcanzó el décimo lugar de 22 estudiantes.

✓ 18 editoriales rechazaron el libro de Richard Bach, de 10 mil palabras de extensión, acerca de una gaviota de altos vuelos: *Juan Salvador Gaviota*, antes de que una editorial lo publicara finalmente en 1970. En 1975 se habían vendido más de siete millones de ejemplares.

Las grandes obras son hechas no con la fuerza,
sino con la perseverancia.

SECRETO 57

MEJORA TUS PUNTOS FUERTES

Muchos de nosotros creemos estar obligados a hacerlo todo y ser excelentes en todo. Esta idea forma parte de nuestro espíritu de independencia. Sin embargo, vivimos en una época y una civilización en que podemos permitirnos no hacerlo todo. Bienvenidos al siglo XXI. Pero, por alguna razón, todavía creemos que es nuestra obligación. Pensamos que debemos ir al trabajo, volver a casa, cocinar un menú espléndido, tener la casa impecable, cuidar de nuestros hijos, llevar una vida social extraordinaria y tomar cursos para mejorar, todo en el mismo día o en la misma semana.

Veamos qué sucede si sólo refuerzas tus puntos fuertes. Averigua en qué campos te desenvuelves mejor, concéntrate en ellos, domínalos bien y delega el resto. Las personas que tienen un verdadero dominio sobre su actividad suelen atraer con facilidad la buena vida. Hacer muchas cosas más o menos bien nunca tiene tanto valor como hacer una sola de manera extraordinaria.

La maestría es un arte, y aunque tengas un talento innato, te llevará tiempo, práctica y dedicación desarrollarlo con el fin de que rinda sus frutos. Es posible que Tiger Woods sea atlético en forma natural y tenga dotes para el golf, pero si ha llegado a dominarlo de un modo tan magistral es gracias a la práctica, el trabajo, la concentración y el entrenamiento. ¿Nos importa acaso si sabe o no organizar sus finanzas? Por supuesto que no. Deja de intentar hacerlo todo bien y concéntrate en tus fortalezas. Si todavía te cuesta desprenderte de todas las cosas que podrías hacer, piensa en toda la energía que cada una supone. ¿Cuánto te cuesta en términos de bienestar y dicha? Cada vez que luchas desesperadamente por algo o lo aplazas indefinidamente, considera lo que de verdad vale la pena para ti, lo que realmente te importa, recordando que hacer cualquier actividad que detestes debilita tu energía.

Si no puedes permitirte tener una persona que te resuelva los problemas, prueba hacer un intercambio con una amiga o amigo a quien le guste realizar esa tarea que aborreces. "Si me haces la declaración de impuestos, te regaré diez veces el pasto." Por supuesto que ambas partes deben beneficiarse del trueque, de modo que sea algo justo y agradable.

Examina tu vida y escribe cinco cosas que haces y preferirías dejar de lado. Luego, averigua lo que te costaría pagar un contador, una persona que te ayude con las labores del hogar, un experto en informática o un fontanero. Por lo general, no es tanto como uno cree. A largo plazo, puede constituir un ahorro de dinero. Felicidades por dar el primer paso hacia la maestría.

Notas para vivir

No te detengas en los errores que has cometido,
camina hacia el sendero de lo bueno que estás por hacer...
No te culpes por los errores que has cometido,
más bien decídete a cambiar, pero, sobre todo, ¡actúa!

No te mires a través de tus ojos,
contémplate a través de los ojos de Dios
y aprende a ser indulgente contigo mismo...
No pienses en lo largo que es el camino de tu
transformación, sino en cada paso que darás para
convertirte en el ser que deseas...

No cuentes sólo con tus fuerzas,
apóyate en los amorosos brazos de Dios...

No trates de cambiar a los demás,
sé responsable de tu propia vida y ¡mejórala!
Entiende que cuando cambias por dentro,
afuera todo se transforma...

Permite que el amor toque tu alma
y no te defiendas de él... permítete sentir...
Mantén los ojos fijos en tu meta,
sin reparar en lo difícil que podría ser
el camino para alcanzarla.

Vive un día a la vez, aprovecha las experiencias
del pasado para bien y deja que el futuro
llegue radiante, a su debido tiempo...
Recuerda que cada día tiene su propio afán...
No añadas más cargas a tu presente...

Rodéate de personas que están en tus mismas búsquedas,
para que se apoyen y acompañen mutuamente...
Cuando te sientas cansado, suelta las cargas
y renueva tus fuerzas...
Si un día te sientes demasiado responsable
por los demás, recuerda que es otro el Mesías...
Si te sientes atado por cadenas,
reza para que se rompan las ataduras
y se conviertan en azules lazos de amor...
No reacciones a la primera provocación...
Tu paz interior vale más que cualquier otra cosa...

Si has hecho que tu felicidad dependa de otra persona,
despréndete de ella y ámala sin pedirle nada a cambio...
No pretendas tener el control de todo,
déjate guiar por la magia de tu corazón...
Recuerda sembrar flores, porque todo lo que
siembres será tu cosecha...

Sueña con grandes cosas... ¡y lucha para lograrlas!

SECRETO 58

DOMINA EL ARTE
DE DELEGAR

Junto con el placer de hacer un buen trabajo, existe el placer de contar con alguien que haga un trabajo excelente bajo tu dirección. No hace falta ser el jefe para delegar. Todos necesitamos saber hacerlo. A medida que comiences a atraer a tu vida lo que verdaderamente deseas, delegarás más cosas que no disfrutas haciendo y te limitarás a hacer aquello que te gusta. De modo que si eres una persona del tipo "llanero solitario" y no sabes delegar, ha llegado el momento de aprenderlo. Incluso los padres delegan ciertas tareas domésticas a sus hijos.

Tres son los secretos para delegar correctamente. El primero, dedicar el tiempo y la energía necesarios para desarrollar a fondo a la persona en quien delegarás el trabajo. El concepto clave aquí es a fondo. Si no preparas a la persona para que haga el trabajo tal y como tú necesitas que se realice, con toda corrección, luego no te deprimas, ni te quejes, ni te sorprendas, porque la persona en cuestión no sea capaz de ayudarte. La mayoría de la gente cree que, para delegar, sólo debe llamar a alguien y decirle: "Toma, ocúpate de esto ahora mismo". Estamos tan ansiosos de liberarnos de la tarea, que en lugar de delegarla, lo que hacemos es deshacernos de ella.

El segundo ingrediente clave para delegar con éxito es encargar la totalidad del trabajo. Una vez que la persona está preparada y sabe cómo debe ser el resultado final, hay que dejar que haga el trabajo a su manera. De lo contrario, se le impide la expresión de su propia creatividad. Por ejemplo, supongamos que delegas en tu hija el trabajo de limpiar su habitación. Ella, a su vez, se lo pasa a su hermana más pequeña o pide ayuda a sus amigas. Gracias a una solución creativa el resultado es exactamente el mismo.

La tercera clave es establecer un sistema de informes o de control. Haz que la persona te informe de la tarea que has delegado de la manera y con la frecuencia que mejor te convenga, de acuerdo con la importancia de la tarea y el tiempo en el cual debe quedar esta terminada.

Ahora conoces los secretos para delegar correctamente. ¡Sigue adelante! Comprueba los fabulosos resultados que obtendrás.

Aprendamos de los gansos

La próxima temporada, cuando veas los gansos emigrar dirigiéndose a un lugar más cálido para pasar el invierno, fíjate que lo hacen en forma de V.

Tal vez te interese saber el porqué lo hacen de esa forma. Lo hacen porque, al batir sus alas, cada pájaro produce un movimiento en el aire que ayuda al pájaro que va detrás de él. Volando en V, la bandada de gansos aumenta por lo menos 71% más su poder de vuelo, en comparación con un pájaro que vuela solo. Las personas que comparten una dirección común y tienen sentido de comunidad pueden llegar a cumplir sus objetivos más fácil y rápidamente, porque ayudándonos entre nosotros los logros son mejores.

Cada vez que un ganso sale de la formación siente inmediatamente la resistencia del aire, se da cuenta de la dificultad de hacerlo solo y rápidamente vuelve a la formación para beneficiarse del compañero que va adelante. Si nos unimos y nos mantenemos junto a los que van en nuestra misma dirección, el esfuerzo será mejor, será más sencillo y más placentero alcanzar las metas. Cuando el líder de los gansos se cansa pasa a uno de los lugares de atrás y otro ganso toma su lugar. Los seres humanos obtenemos mejores resultados si nos apoyamos en los momentos duros, si nos respetamos mutuamente, en todo momento, compartiendo los problemas y los trabajos más difíciles.

Los gansos que van atrás graznan para alentar a los que van adelante a mantener la velocidad. Una palabra de aliento ayuda, da fuerza, motiva, produce el mejor de los beneficios.

Finalmente, cuando un ganso se enferma o cae herido por un disparo, otros dos gansos salen de la formación y lo siguen para ayudarlo y protegerle. Si nos mantenemos uno al lado del otro, apoyándonos y acompañándonos, si hacemos realidad el espíritu de equipo, si pese a las diferencias podemos conformar un gran grupo humano para afrontar todo tipo de situaciones, si entendemos el verdadero valor de la amistad, si somos conscientes del sentimiento de compartir, la vida será más simple, y el vuelo de los años más placentero.

SECRETO 59

PONTE EN MOVIMIENTO

Vivimos verdaderamente cuando efectuamos pequeños cambios, ya que juntos forman el gran cambio que deseamos. A menudo nos paraliza la idea de tener que hacer un gran cambio en nuestra vida. Parece una tarea tan enorme y agobiante, que caemos en la inactividad. Sólo deseamos, esperamos o tenemos la ilusión de que se produzca. O bien nos quedamos estancados en una cómoda rutina. El secreto está, en este caso, en comprender que la fuerza de la inercia (la tendencia de los cuerpos en reposo o en movimiento a mantener su estado) te mantendrá exactamente en el mismo lugar a menos que te decidas a moverte. Lo que hagas para empezar no necesariamente tiene que estar relacionado con lo que deseas.

Es probable que hayas oído hablar de elegir un objetivo importante y dividirlo en pequeños pasos o etapas. Es una gran idea, pero a veces ni siquiera sabemos cómo comenzar, cuál es el primer paso que debemos dar. Lo que quizá no comprendas es que cualquier cambio te lleva a hacer otros. Sólo tienes que llevar a cabo algo que sea distinto. Ponte calcetines rojos en lugar de los habituales de deporte. Toma un camino diferente para ir al trabajo. Come en otro restaurante. Cambia de lugar las fotografías y los cuadros de tu casa. Lleva el cabello peinado hacia el lado opuesto. Bebe té en lugar de café. Cualquier cambio servirá.

Esta estrategia da muy buenos resultados, porque te pone en movimiento, llevándote hacia un estado de cambio y mejora continua. El impulso de este primer paso te activará, y antes de que te des cuenta, habrás hecho cambios cada vez mayores sin hacer grandes esfuerzos. Esta técnica te permite pasar por alto la dificultad que conlleva encontrar la motivación, la fuerza de voluntad y el valor necesarios para afrontar un gran objetivo, proyecto o cambio.

A veces, mis clientes dan la impresión de no hacer progresos para lograr un objetivo en particular y se sienten estancados: me vienen a ver para que les aconseje lo que pueden hacer. Lo primero que analizamos es la razón por la que no avanzan. ¿Existe algo que les impide moverse además del simple hecho de postergar las cosas? Quizá no posean el conocimiento o la experiencia necesarios para lograr una tarea determinada y necesitan delegarla en otra persona. Uno de ellos iba postergando la instalación de la página web de su empresa. Después de una breve conversación, comprendió que no tenía interés en aprender lo necesario para diseñar e instalar la página. Logró concretar su proyecto contratando a un experto para que lo hiciera.

Otra razón por la cual la gente no suele alcanzar sus objetivos es que los busca como medio para lograr otro fin, aquello que realmente desea. Por ejemplo, quizá vas al gimnasio porque quieres perder peso y así atraer a una pareja. Entonces, no entiendes por qué no te sientes motivado para hacer ejercicio. Es simple: tu objetivo no es perder peso, sino atraer a una pareja. En este caso, te recomiendo que vayas directamente a la búsqueda de lo que deseas, y si no lo logras, entonces podrás recapacitar y pasar al plan B: ponerte en forma.

Lo más importante aquí es romper con nuestra rutina normal, abandonar las viejas pautas que nos inmovilizan y disfrutar de los resultados. ¿Cuál es la acción radical que estás dispuesto o dispuesta a llevar a cabo?

Lo "imposible" es a veces lo "nunca intentado"

Los japoneses siempre han gustado del pescado fresco. Pero las aguas cercanas a Japón no han tenido muchos peces por décadas. Así que, para alimentar a la población japonesa, los barcos pesqueros fueron fabricados más grandes y así pudieron ir mar adentro, todavía más lejos. Mientras más lejos iban los pescadores, más era el tiempo que les tomaba regresar a la costa a entregar el pescado. Si el viaje redondo requería varios días, el pescado ya no estaba fresco. A los japoneses no les gusta el sabor del pescado cuando no es fresco.

Para resolver este problema, las compañías pesqueras instalaron congeladores en los barcos pesqueros. Así podían pescar y poner los pescados en los congeladores. Además, los congeladores permitían a los barcos ir aún más lejos y por más tiempo.

Sin embargo, los japoneses pudieron percibir la diferencia entre el pescado congelado y el fresco, y no les gusto el congelado. El pescado congelado se tenía que vender más barato.

Así que las compañías instalaron tanques para los peces en los barcos pesqueros. Podían así pescar los peces, meterlos en los tanques y mantenerlos vivos hasta llegar a la costa de Japón. Pero, después de un poco de tiempo, los peces dejaban de moverse en el tanque. Estaban aburridos y cansados, pero vivos. Desafortunadamente, los japoneses también notaron la diferencia del sabor porque, cuando los peces dejan de moverse por días, pierden el sabor muy muy fresco. Los japoneses prefieren el sabor de los peces bien vivos y frescos, no el de los peces aburridos y cansados que los pescadores les traían.

¿Cómo resolvieron el problema las compañías pesqueras japonesas? ¿Cómo consiguieron traer pescado con sabor de pescado fresco? Si las compañías japonesas te pidieran asesoría, ¿qué les recomendarías? Tan pronto como alcanzas tus metas, tales como empezar una nueva empresa, pagar tus deudas, encontrar una pareja maravillosa, o lo que sea, tal vez pierdas la pasión. Ya no necesitarás esforzarte tanto, así que sólo te relajas. Experimentas el mismo problema que las personas que se ganan la lotería, o el de aquellas que heredan mucho dinero y que nunca maduran, o el de las que se quedan en casa y que se hacen adictas a los medicamentos para la depresión o la ansiedad.

Como el problema de los pescadores japoneses, la mejor solución es sencilla. Lo dijo L. Ron Hubbard a principios de la década de 1950: "Las personas prosperan, extrañamente más, sólo cuando hay desafíos en su medio ambiente". Hubbard escribió en su libro *Los beneficios de los desafíos*: "Mientras más inteligente, persistente y competente seas, más disfrutas un buen problema". Si tus desafíos son del tamaño correcto, y si poco a poco los vas conquistando, te sientes feliz. Piensas en tus retos y te sientes con energía. Te emociona intentar nuevas soluciones. Te diviertes, ¡te sientes vivo!

Así es como los peces japoneses se mantienen vivos: para mantener el sabor fresco de los peces, las compañías pesqueras todavía ponen a los peces dentro de los tanques en los botes pesqueros. Pero ahora ponen, además, ¡un tiburón pequeño! Claro que el escualo se come algunos peces, pero los demás llegan muy, pero muy vivos. Los peces son desafiados. Tienen que nadar durante todo el trayecto dentro del tanque para mantenerse vivos.

En lugar de evitar los desafíos, brinca hacia ellos y dales una paliza. Disfruta el juego. Si tus desafíos son muy grandes o son demasiados, nunca te rindas. El fracaso te cansará aún más.

Mejor, reorganízate. Encuentra la determinación, la información, el conocimiento y la ayuda que requieras.

Cuando alcances tus metas, proponte otras mayores. Una vez que satisfagas tus metas familiares, busca alcanzar las metas de tu grupo, tu comunidad, incluso las de la humanidad completa.

Nunca crees el éxito para luego acostarte sobre él. Tú tienes recursos, habilidades y capacidades para lograr lo que sueñas, para hacer la diferencia, para lograr el cambio que te propones.

Así que, invita un tiburón a tu tanque y descubre ¡qué tan lejos puedes llegar realmente!

SECRETO 60

CUIDA DE TU POSESIÓN MÁS VALIOSA

Ya es hora de que comiences a preocuparte por tu posesión más valiosa: ¡tú! Estás en condiciones de lograr que tu vida sea lo que realmente quieres en tu vida personal y en tu vida profesional, con tu familia y tus amigos, y en lo que respecta a tu salud y a tu cuerpo. Cuando digo que empieces a ocuparte de ti, no me refiero a algo así como presumir. Hablo de cuidarte de la mejor manera posible. Las áreas de tu vida que no funcionan como te gustaría te hacen perder energía; aquellas que son perfectas te dan energía. Por perfectas me refiero a las que para ti lo son al reflejar tu estilo personal y tu propia manera de ser. Cuanta más energía tengas, más afortunada y próspera será tu existencia, y más cosas podrás dar a los demás. Ahora que tienes suficiente tiempo y dinero, es fácil y natural que goces de una mejor calidad de vida.

Yo solía pensar que sólo los ricos podrían permitirse cuidarse de un modo constante y excepcional y que el resto de nosotros sólo debíamos contentarnos con excesos esporádicos. Pero ahora veo que es al revés: atraemos riqueza y oportunidades por el simple hecho de cuidarnos bien a nosotros mismos.

Comprendo que puede parecerte mágico. Insisto otra vez: todo es cuestión de energía: "Cada vez que queremos que algo suceda, o que llegue a nosotros, el poder de nuestro pensamiento o de nuestra voluntad proyecta un rayo de energía. A su vez, la energía genera un campo de fuerza magnético. Y las fuerzas magnéticas son las encargadas de atraer el objeto de nuestras expectativas". En otras palabras, comienzas a creer que mereces algo mejor en la medida en que mejoras tus propios cuidados personales. Envías al universo el mensaje de que mereces más, y por lo tanto, no puede sorprenderte el hecho de que atraigas más. Sólo tienes que pensar que mereces tenerlo. Napoleón Hill lo había comprendido ya hace años, cuando escribió en su libro *Piense y hágase rico*, que se ha convertido en un clásico: "Nadie está preparado para recibir algo hasta que comienza a pensar firmemente que puede conseguirlo. El estado mental debe ser el de la convicción total, no el de la mera esperanza o el deseo". El concepto de Hill parte de la base de que debes saber a ciencia cierta lo que quieres tener. Si sólo esperas, el mensaje que envías es de carencia. El modo más eficaz que he visto de aumentar la voluntad y la disposición a recibir lo que queremos es comenzar a perfeccionar nuestro presente y trabajar para conseguir todo aquello que actualmente no creemos merecer.

No esperes a ganar la lotería; comienza a cuidarte lo mejor posible hoy mismo. Sé responsable (no te endeudes) y asegúrate de no gastar dinero en cosas que realmente no valoras y de las que no disfrutas. ¿Qué es lo que no puedes permitirte ahora mismo y que te parece un lujo increíble? ¡Concédetelo! No importa cuánto dinero tengas; hay algo que puedes hacer para consentirte hoy mismo. No busques excusas.

Biografía de un ser extraodinario

✓ El hombre que consistentemente es él mismo, mantiene su aplomo en todos los casos, ya sea que las circunstancias le favorezcan o no.

✓ Tiene pleno control de sus emociones en todo momento.

✓ Posee una seguridad propia en todo cuanto emprende.

✓ No se precipita.

- ✓ A medida que avanza en éxitos, controla sus horas de trabajo y condiciones del mismo.
- ✓ Nunca critica o se queja de nada.
- ✓ Jamás calumnia ni condena a nadie.
- ✓ Nunca habla de sí mismo a menos que sea necesario y eso sin arrogancia ni orgullo.
- ✓ Es de amplio criterio en todos los temas y con toda la gente.
- ✓ No le teme a nada ni a nadie.
- ✓ Se preocupa de sus asuntos con una tranquila definición de propósito.
- ✓ Antes de expresar una opinión, se asegura de contar con todos los datos necesarios y no tiene miedo de decir "no sé".
- ✓ No tiene prejuicios raciales ni religiosos.
- ✓ Come con moderación y evita cualquier clase de exceso.
- ✓ Sin pretender ser un experto en todo, siempre procura pensar con criterio propio.
- ✓ Es un ciudadano consciente que no se deja influir por comentarios perjudiciales a su patria o la economía de ésta.
- ✓ No da pie para que haya quien se enemiste con él, pero, desde luego, no podrá evitar que haya quien no simpatice con él por el éxito que ha alcanzado.
- ✓ Se encuentra en paz consigo mismo y con el género humano.
- ✓ No podrá llegar a ser pobre o miserable, porque venga lo que viniere, en su interior nunca dejará de ser feliz y próspero.
- ✓ Todos los miembros de su familia lo aman y se regocijan al escuchar sus pasos que se acercan al llegar a casa.
- ✓ Expresa su gratitud diariamente por los beneficios recibidos y comparte éstos con quienes tienen derecho a ello.
- ✓ No busca tomar revancha de las injusticias de que ha sido víctima.
- ✓ Cuando habla de otros, hace todo lo posible por evitar mencionar sus defectos, sin importar hasta qué punto éstos hayan sido en perjuicio de él.
- ✓ Contempla el futuro estudiando el pasado y aceptando que la historia se repite, y que las verdades eternas no cambian en los tiempos.

✓ Mantiene una actitud mental positiva.

✓ Es lento para acusar y rápido para perdonar.

✓ No busca beneficiarse con negocios que causen daño a otros.

✓ Se mantiene libre de la esclavitud de las deudas.

✓ Habiendo adquirido toda la riqueza que pueda usar útilmente, no busca ansiosamente más; no obstante, sabe con toda seguridad que puede ganar más de ser necesario.

✓ Convierte las adversidades y fracasos en bienes.

✓ Al sobrevenirle un contratiempo, sabe que éstos y los fracasos son temporales.

✓ Tiene un objetivo de importancia en su vida y busca alcanzarlo.

✓ Si algo le ha impedido la consecución de dicho objetivo, procede a analizar lo ocurrido y a beneficiarse de ello.

✓ Su vida es la que él quiere que sea, y siempre será la que él esperaba que fuese.

✓ A medida que va imaginando su éxito en su mente y logra materializarlo, deja que sean sus obras y no sus palabras, las que lo denoten.

✓ Es querido por toda clase de gente, de todas las razas y credos.

✓ Es ejemplo viviente de lo que un hombre puede llegar a ser cuando asume el control de su mente y está dispuesto a vivir y a dejar vivir.

✓ No le inquietan los pánicos y depresiones financieras más de lo que le afecta lo que sólo a él le atañe.

✓ Encuentra fácil obtener una plena y sincera colaboración de otros.

✓ Es justo e imparcial con sus adversarios, pero casi es imposible de vencer porque posee una fuerza desconocida para la mayoría de los hombres.

✓ Está fortalecido con todos los desengaños, porque sabe que todo lo que pueda ocurrir es con o sin causa evidente.

✓ Actúa lo mejor que puede en todo tiempo, y nunca siente la necesidad de pedir disculpa cuando las circunstancias se vuelven en su contra.

Napoleón Hill

SECRETO 61

REJUVENECE Y REVITALÍZATE

Tu entorno ejerce un tremendo impacto sobre tu psique. De hecho, es un reflejo de tu estado mental. ¿Qué te dice de ti el entorno de tu oficina? ¿Cómo describirías a tu casa uno de tus amigos? ¿Es un lugar cálido, acogedor y organizado? ¿Es fácil sentirte cómodo en él? ¿Te sientes en la intimidad y te rodean cosas que realmente quieres y de las que disfrutas? ¿Tienes una sensación de serenidad y de estar relajado? Rodéate de cosas que te hagan sentir bien. No tengas cuadros u otros objetos que no te gusten verdaderamente.

El objetivo es lograr que tu casa o tu despacho no sólo estén limpios y organizados, sino que sean un reflejo de tu persona. Puede que tus posibilidades sean limitadas en tu oficina, pero por lo menos, trata de tener una planta o flores frescas y algún hermoso cuadro en la pared. No obstante, en casa, tienes mayor control y puedes aprovecharlo para hacer lo que desees. Proocura que tu hogar te rejuvenezca de tal modo que tengas cada día la energía necesaria para ir a trabajar.

Comienza por tu dormitorio. Debe ser un verdadero refugio, un lugar para retirarte y relajarte. Si tienes en él un televisor, colócalo en otro sitio. Dormirás mejor.

Laura había tenido siempre el televisor en su dormitorio y solía quedarse dormida mirando las noticias de medianoche. No podía comprender por qué estaba tan deprimida y poco motivada. Le sugerí que dejase de mirar las noticias de medianoche. Lo último que debes hacer antes de irte a dormir es llenarte con imágenes de tragedias y caos. Lo ideal es que te duermas en medio de pensamientos positivos y felices. A la semana siguiente, Laura había cambiado. Tenía una actitud francamente positiva. Se sentía descansada. Nunca, en los últimos años, había gozado de tanta energía. Esas pequeñas cosas pueden provocar grandes cambios.

Bien vale la pena dedicarse a poner la casa en condiciones óptimas, porque eso aumentará tu energía. Tómate el tiempo necesario para hacer de tu casa tu santuario. Verás tu esfuerzo recompensado con una mayor vitalidad.

El arte de no enfermarse

✓ **Si no te quieres enfermar... Habla de tus sentimientos.**
Emociones y sentimientos que son escondidos, reprimidos, terminan en enfermedades como: gastritis, úlcera, dolores lumbares, dolor en la columna. Con el tiempo, la represión de los sentimientos degenera en cáncer. Entonces, ¡vamos a sincerar, confidenciar, compartir nuestra intimidad, nuestros secretos, nuestros errores! El diálogo, hablar, la palabra, es un poderoso remedio y una ¡excelente terapia!

✓ **Si no quieres enfermarte... Toma decisiones.**
La persona indecisa permanece en duda, en la ansiedad, en la angustia. La indecisión acumula problemas, preocupaciones, agresiones. La historia humana está hecha de decisiones. Para decidir, es preciso saber renunciar, saber perder ventajas y valores para ganar otros. Las personas indecisas son víctimas de dolencias nerviosas, gástricas y problemas de la piel.

✓ **Si no te quieres enfermar... Busca soluciones.**
Las personas negativas no consiguen soluciones y aumentan los problemas. Prefieren la lamentación, la murmuración, el pesimismo. Mejor es encender un fósforo que lamentar la oscuridad. Una abeja es pequeña, pero produce lo más dulce que existe. Somos lo que pensamos. El pensamiento negativo genera energía negativa que se transforma en enfermedad.

✓ **Si no te quieres enfermar... No vivas de apariencias.**
Quien esconde la realidad finge, hace poses, quiere siempre dar
la impresión de estar bien, quiere mostrarse perfecto, bonachón,
etc., está acumulando toneladas de carga sobre sus hombros. Una
estatua de bronce con pies de barro. Nada peor para la salud que
vivir de apariencias y fachadas. Son personas con mucho barniz
y poca raíz. Su destino es la farmacia, el hospital, el dolor.

✓ **Si no te quieres enfermar... Acéptate.**
El rechazo de uno mismo, la ausencia de autoestima, hace que
nos volvamos ajenos de nosotros mismos. Ser uno mismo es
el núcleo de una vida saludable. Quienes no se aceptan a sí
mismos, son envidiosos, celosos, imitadores, destructivos.
Aceptarse y aceptar las críticas, es sabiduría, buen sentido
común y terapia.

✓ **Si no te quieres enfermar... Confía.**
Quien no confía, no se comunica, no se abre, no se relaciona,
no crea relaciones estables y profundas, no sabe hacer amistades
verdaderas. Sin confianza, no hay relaciones duraderas. La
desconfianza es falta de fe en uno mismo, en los otros y en Dios.

✓ **Si no te quieres enfermar... No vivas siempre triste.**
El buen humor, la risa, el reposo, la alegría, recuperan la salud
y traen larga vida. La persona alegre tiene el don de alegrar
el ambiente donde vive. El buen humor nos salva de las manos
del doctor. La alegría es salud y terapia.

Nunca des a un problema por resolver más importancia
que a una persona que amas.

SECRETO 62

ACTÚA HOY

¿Cuánto tiempo llevas diciéndote en Año Nuevo que tu objetivo será perder peso o ponerte en forma? Si éste ha sido tu objetivo durante años, tienes dos opciones. Una es eliminarlo. No tiene sentido que un año más vuelvas a despilfarrar tu energía en un objetivo que no cumplirás, con el único resultado de sentirte mal. Si realmente estás decidido a lograrlo, escoge una segunda opción: acude a un médico para mejorar tu dieta y lleva a cabo sesiones privadas con un entrenador personal para ponerte en forma. Veamos el caso de Oprah Winfrey. La clave del éxito de su dieta, la segunda vez que lo intentó, fue el abandono de la idea de que podía hacerlo sola. Contrató a una persona que se ocupase de ella. Puso su forma física en manos de un profesional. Si esperas que llegue el momento de inspiración para hacerlo, puede pasar mucho tiempo. El problema con los momentos de inspiración es precisamente ése, que sólo duran un momento.

Es probable que digas: "No puedo pagarme un entrenador personal como Oprah". De acuerdo, pero quizá puedas asistir a un gimnasio con entrenadores a la medida de tus posibilidades. O bien, si tampoco puedes pagarlo, puedes llevar a cabo cualquier actividad que te estimule a moverte; por ejemplo, una compañera que te despierte a las seis de la mañana para hacer ejercicio. Si no te mueves, seguramente no tienes el sistema de apoyo o la motivación que realmente necesitas.

La cuestión clave es conseguir apoyo para vencer la inercia o resistencia inicial. La definición técnica de *inercia* es: la propiedad de la materia de mantenerse en reposo o en movimiento a menos que actúe sobre ella una fuerza externa. Es decir, que los cuerpos en reposo tienden a mantenerse en ese estado debido a la inercia, que es una fuerza muy poderosa. El impulso hace que los cuerpos se muevan. Esto explica por qué te resulta tan difícil levantarte del sofá (la inercia te mantiene ahí) para ir al gimnasio; sin embargo, una vez en el gimnasio, te resulta fácil hacer diez minutos más de ejercicios. De modo que la clave es encontrar esa fuerza externa que te proporcione la energía necesaria para moverte. Cualquier fuerza externa lo conseguirá, siempre que sea la correcta. La voluntad no es muy eficaz porque es una fuerza interna, y no podemos fiarnos de ella. De manera que te recomiendo que elijas otra; en lo personal, mi fuerza externa es dedicarle todo lo que hago a una persona que me estimula, me inspira, me motiva y me impulsa a mejorar en forma continua. Lo importante es encontrar a otra persona que te motive y te estimule. No sigas perdiendo tu energía tratando de motivarte por tu cuenta.

Tener un aspecto amorfo no es, en absoluto, atractivo. No trates de motivarte por tu cuenta. Llama a tus amigos o amigas y busca un compañero de entrenamiento, o de dieta, inscríbete en una clase deportiva o consigue el teléfono de un buen entrenador y comienza a moverte hoy mismo.

Frases que edifican

✓ Dios no elige personas capacitadas; él capacita a los elegidos.
✓ Uno con Dios es mayoría.
✓ Vale mucho más una puerta que Dios te cerró que la abierta por el diablo.
✓ Nunca pongas un signo de interrogación donde Dios ya puso punto final.
✓ No le cuentes a Dios cuán grande es tu problema; más bien, cuéntale a tu problema cuán grande es tu Dios.

✓ Debemos orar siempre, no hasta que Dios nos escuche, sino hasta que podamos oír a Dios.

✓ Dios no puede hablar quedamente con personas apuradas.

✓ Con Jesús, jamás una desgracia será la última noticia.

✓ Moisés gastó 40 años pensando que era alguien, 40 años aprendiendo que no era nadie y 40 años descubriendo lo que Dios puede hacer con un nadie.

✓ Sólo tendré todo de Dios cuando él tenga todo de mí.

✓ Sé que apenas soy un detalle, pero con Jesús, hago la diferencia.

✓ La fe se ríe de las imposibilidades.

✓ Nada está fuera del alcance de la oración, excepto lo que está fuera de la voluntad de Dios.

✓ La tristeza mira hacia atrás, la preocupación mira alrededor, la fe mira hacia arriba.

✓ El tiempo es, por mucho, más valioso que el dinero: no hay manera de hacer trueque con él.

✓ No temas la presión, recuerda que ella transforma el carbón en diamante.

✓ La grandeza del hombre se mide por la forma en que trata a los pequeños.

✓ Perdonar es la mejor manera de vengarse.

SECRETO 63

INVIERTE EN TI

Si alimentas tu mente con tu bolsillo, muy pronto tu mente se encargará de alimentar a tu bolsillo. En una época de grandes transformaciones, la única fuente sustentable para adquirir una ventaja competitiva es aprender más rápido que los demás.

Seamos francos. ¿Cuál es tu posesión más valiosa? Tú. Siempre me sorprende que la gente tenga tantas dificultades para dedicarse a sí misma. No sólo te lo mereces, sino que lo necesitas mientras te preparas y evolucionas con el fin de realizarte plenamente. Por regla general, es una buena idea invertir entre 5 y 10% de los ingresos en seguir preparándose. Las estadísticas prueban que aquellos que lo hacen y tienen una mayor especialización, tienen ingresos más elevados. Dejando aparte el dinero, debes pensar en tu superación intelectual. Cada tres meses, 25% de lo que conocemos en informática se vuelve obsoleto, porque la tecnología cambia de una manera muy rápida. Esto significa que, en un año, si no te has puesto al día, tus conocimientos serán insuficientes y otra persona hará tu trabajo más rápido y mejor que tú. Esto puede asustarte, excepto si te propones seguir superándote y aprendiendo.

La curiosidad es irresistible. Las personas curiosas sienten entusiasmo por aprender cosas nuevas, independientemente de su edad. Siempre están interesadas en mejorar, tanto personalmente como en su actividad profesional. No aprender ni superarse es una especie de muerte. Todo lo que está vivo crece. Hoy en día, cuando casi todos tienen la posibilidad de acceder con facilidad a la información por medio de la internet, no necesitas saberlo todo. Sólo debes saber cómo encontrarlo. Lo importante en el futuro no será el conocimiento que tengas, sino tu capacidad

de aprender y adaptarte rápida y constantemente. Los rápidos y los cu-
riosos irán por delante. El resto se quedará a la zaga.

¿Cómo ser curioso? Comienza por tomar conciencia de que no lo
sabes todo. De hecho, si alguien lo supiese todo, sería un poco tedioso. Las personas curiosas saben que, por muchos conocimientos que
tengan en un tema, todavía les queda mucho más por aprender. Por
eso, son humildes y tienen una mente abierta, y son más interesantes
que esa gente que cree saberlo todo. Una vez que comprendas que
no lo sabes todo y tampoco puedes llegar a saberlo, te resultará fácil
caminar por el mundo con una mente abierta y con la disposición para
aprender y absorber lo nuevo.

La curiosidad surge del deseo interno de crecer y evolucionar
constantemente como ser humano. Personalmente, pienso que ésa
es la finalidad de nuestra vida, o por lo menos, una de ellas. Es natural que quiera buscar formas de crecer y superarme durante el resto
de mi vida. Nunca terminaré de hacerlo, precisamente porque es un
proceso de desarrollo. Sólo puedes ser cada vez mejor, ya que tú
superación personal y profesional es un camino, una forma de vida,
no un destino final.

Otra manera de abrir tu mente y actuar con mayor humildad es ponerte a aprender algo que ignores completamente, puede ser poesía,
física o bailar tango, por ejemplo. El tema en sí no tiene importancia.
Elige algo que te interese. Vuelve a ser estudiante una vez más y comienza de cero. Rodéate de gente que sea más inteligente que tú. Haz
que tu mente crezca y se expanda constantemente.

La formación, que en algún momento se consideró un lujo, hoy en
día es cuestión de supervivencia. ¿Todavía no sabes cómo utilizar la
computadora? Deja de luchar con el manual e invierte un poco de dinero en unas clases, ya sea en una academia o con un profesor particular. ¿Quieres trabajar en el departamento internacional de tu empresa?
Pídeles que te ayuden a costearte unas clases nocturnas de idiomas.
Casi todas las grandes organizaciones cuentan con fondos para la ca-

pacitación de sus empleados. Si no tienen fondos destinados para ello, pídelo de todas maneras. Aprovecha todos los cursos de capacitación que ofrezca tu compañía. Si tienes la intención de tomar un curso que no figura en su catálogo de capacitación, habla con tu jefe y busca una beca para solventar el costo del curso.

He animado a mis clientes a asistir a cursos que costaban miles de pesos a su empresa: de idiomas, de relaciones públicas y de desarrollo de habilidades gerenciales, entre otros. Todo lo que necesitaban era tener argumentos que demostraran que mejorarían el desempeño en su trabajo. Dado que la mayoría de las empresas exigen que sus directores supervisen la formación y el desarrollo de sus empleados, podrías facilitarle la tarea a tu director y proponerle una serie de cursos con argumentos convincentes. Si trabajas por tu propia cuenta, quizá necesites aún más clases, porque probablemente haces un poco de todo, desde la contabilidad hasta las ventas. ¿Careces de formación administrativa? ¿Necesitas mejorar tus conocimientos de informática? Toma un curso. No te quedes atrás. La incompetencia no te llevará al éxito. Concédete el tiempo necesario para dominar tu campo de actividad y sigue aprendiendo.

Efectividad personal

La medida de una persona efectiva es su habilidad de hacer las cosas adecuadas, y hacerlas bien a la primera vez. Eso incluye hacer lo que otros pasan por alto, así como evitar lo que resulta improductivo.

Una persona efectiva necesita de inteligencia, imaginación y conocimiento. Pero estas habilidades serían desperdiciadas si no tiene los hábitos correctos para transformarlas en resultados.

Convertirse en una persona altamente efectiva requiere mucho más que trabajar duro, tomar clases nocturnas o llevar trabajo a la casa. La idea no es trabajar mucho, sino trabajar de manera inteligente. Para ello, se recomiendan cinco prácticas fundamentales:

1. **Saber en qué inviertes el tiempo:** identifica tus "desperdiciadores de tiempo" y los de tu compañía. ¿Estás haciendo cosas que no necesitas, como ir a reuniones improductivas?

2. **Enfócate en la contribución:** pregúntate: ¿qué puedo hacer para afectar o impresionar en forma significativa y positiva los resultados de mi organización? Ve más allá de tu propia especialidad.

3. **Desarrolla fortalezas:** la tuya y la de tus subordinados. Si trabajas con gente, benefíciate de sus fortalezas en lugar de concentrarte en sus debilidades o fallas. Haz efectivas sus fortalezas e irrelevantes sus debilidades.

4. **Establece prioridades:** haz las cosas más importantes primero, y una sola cosa a la vez. Aquellos que se comprometen con una muy larga lista de proyectos, no alcanzan resultados en ninguno de ellos.

5. **Sistematiza la toma de decisiones:** a) define el problema en forma clara y completa, b) especifica el resultado que se espera lograr con la decisión a tomar, c) convierte la decisión en acción (informa qué debe hacerse a las personas involucradas) y d) prueba la efectividad de la decisión obteniendo retroalimentación continua.

SECRETO 64

MÍMATE SIN GASTAR DINERO

A veces, mis clientes se sienten maniatados económicamente y piensan que la única manera de divertirse es gastando dinero. Es una actitud carente de creatividad. Para que comiences a reflexionar en torno de este problema, te propongo una lista de cosas divertidas que puedes hacer sin que te arruines. Agrega cualquier cosa que te parezca agradable y que puedas llevar a cabo sin echar por tierra tu programa de gastos.

1. Siéntate por lo menos 20 minutos a la orilla de un río, un estanque, una fuente o un lago.
2. Lleva una silla, una mesa o una manta al jardín de tu casa o al parque más cercano y come al aire libre. Lleva un buen libro.
3. Ve a un museo. Las obras de arte son una fuente de inspiración.
4. Ve a una florería y huele las flores.
5. Saca libros, CD y videos en préstamo de una biblioteca.
6. Toma clases de dibujo, pintura o baile ofrecidas por asociaciones o instituciones sin fines de lucro o por el ayuntamiento o la delegación de tu localidad.
7. Siéntate en la playa, en el jardín o en el parque y toma limonada lentamente.
8. Tómate un fin de semana de reposo en un monasterio donde no te cobren mucho por la pensión.
9. Siéntate a rezar o a meditar en el interior de una hermosa catedral o una iglesia.
10. Ve a un jardín botánico.
11. Encuentra los lugares secretos de tu pueblo o tu ciudad.
12. Toma el té en un elegante o antiguo hotel.

13. Cultiva plantas, hierbas o verduras en el jardín o al pie de tu ventana.
14. Asiste a una tienda de mascotas y acaricia a los animales.
15. Contempla las estrellas.
16. Observa la puesta del sol con un amigo o amiga, mientras disfrutan de una botella de vino tinto.
17. Ve a comer a un bonito restaurante y toma el menú del día.
18. Disfruta de un postre exquisito o una enorme copa de helado.
19. En lugar de ir al cine, renta una película y haz palomitas en casa.
20. Colabora repartiendo los programas y ayudando de otros modos en una obra de teatro o un concierto, y disfruta del espectáculo de manera gratuita.

Desiderata

Avanza serenamente entre el ruido y la agitación,
pero recuerda que puede haber paz en el silencio.
Hasta donde sea posible, sin rendirte, trata de estar
en buenos términos con todo el mundo.

Di tu verdad serena y claramente, y escucha a los
demás, hasta a los aburridos e ignorantes, ellos
también tienen su historia.

Evita a las personas agresivas y escandalosas, pues
son espinas para el espíritu.

Si te comparas con los demás, puedes ser vanidoso
o amargado, porque siempre habrá personas más
capaces y personas menos capaces que tú.

Goza de tus logros igual que de tus fracasos.

Guarda interés en tu propia carrera por humilde que
sea; es una posesión real en los cambios de fortuna
del tiempo.

Sé cuidadoso en los negocios, porque el mundo está lleno de trampas; pero no dejes que esto te ciegue a la virtud que existe; muchas personas están luchando por altos ideales y por todas partes la vida está llena de heroísmo.

Sé tú mismo. Especialmente no muestres tu afecto cuando no lo sientas. Tampoco seas cínico en el amor porque, a pesar de toda su aridez y desencanto, es perenne como la hierba.

Acepta con cariño el paso de los años y entrega con gracia las cosas de la juventud. Alimenta la fuerza del espíritu para que te proteja y te sostenga en la desgracia repentina.

No te atormentes con la imaginación; muchos temores nacen de la fatiga y la soledad. Además de seguir una autodisciplina saludable, sé gentil contigo mismo.

Tú eres una criatura del universo, igual que los árboles y las estrellas; tú tienes derecho a estar aquí y, aunque sea o no bien claro para ti, el universo se está desarrollando como debe ser.

Por eso, debes estar en paz con Dios cualquiera que sea tu idea de Él, y sean cualesquiera tus inclinaciones y aspiraciones conserva la paz en tu alma en la bulliciosa confusión de la vida.

Aún con toda su farsa, penalidades y sueños fallidos el mundo es hermoso.

Sé cauto, esfuérzate por ser feliz.

Max Ehrmann

SECRETO 65

ÉXITO SIN ESFUERZO

Ya estás en condiciones de atraer todo aquello que desees en la vida. Quizá quieras atraer un trabajo importante, el perfecto socio para tu empresa, el amor de tu vida o tu casa ideal.

El primer paso a dar es comprender que puedes tener lo que quieras siempre que te lo permitas. La mayoría de las personas se sabotean en un momento u otro, y la razón es que no están dispuestas a gozar de una vida tan satisfactoria. Al aumentar en forma espectacular el cuidado de tu persona, amplías y fortaleces tu buena disposición a poseer.

Antes que nada, para conseguir lo que deseamos es imprescindible que estemos dispuestos a concretar ese deseo. Piensa en algo que realmente quieres, quizás un trabajo especial, un premio, una posesión material o una suma de dinero. Tal vez hayas pensado: "Quiero esto, pero no puedo tenerlo". La realidad se basa, por lo tanto, en esa creencia subyacente: "No puedo tenerlo", y por supuesto, no lo has conseguido. Sólo conseguirás aquello que desees cuando modifiques tu forma de pensar, o sea, cuando digas: "Puedo tenerlo", "voy a conseguirlo" o incluso, "lo tengo". Tus pensamientos tienen gran poder y se manifiestan en la realidad. Si quieres saber lo que otras personas piensan de sí mismas, observa su vida. Uno atrae lo que cree merecer.

Tu realidad es simplemente el reflejo de tus propias ideas. Cuanto más dispuesto o dispuesta estés a permitirte lo que sea, más probabilidades tendrás de conseguirlo. Por lo general, antes de que lo que persigues se concrete, debes tener la convicción de que puedes y mereces tenerlo. Tus pensamientos determinan tus actos, que a su vez determinan los resultados que obtienes.

El bambú japonés

No hay que ser agricultor para saber que una buena cosecha requiere de buena semilla, buen abono y riego constante.

También es obvio que quien cultiva la tierra no se para impaciente frente a la semilla sembrada, gritándole con todas sus fuerzas: "¡Crece, crece ya!"

Hay algo muy curioso que sucede con el bambú japonés y que lo transforma en no apto para impacientes: siembras la semilla, la abonas, y te ocupas de regarla constantemente. Durante los primeros meses no sucede nada apreciable. En realidad, no pasa nada con la semilla durante los primeros siete años, a tal punto, que un cultivador inexperto estaría convencido de haber comprado semillas infértiles.

Sin embargo, durante el séptimo año, en un periodo de sólo seis semanas, la planta de bambú crece ¡más de 30 metros! ¿Tardó sólo seis semanas en crecer? No, la verdad es que se tomó siete años y seis semanas en desarrollarse. Durante los primeros siete años de aparente inactividad, este bambú estaba generando un complejo sistema de raíces que le permitirían sostener el crecimiento que iba a tener después de siete años.

En la vida cotidiana, muchas veces queremos encontrar soluciones rápidas, triunfos apresurados, sin entender que el éxito es simplemente resultado del crecimiento interno y que éste requiere tiempo.

Quizás por la misma impaciencia, muchos de aquellos que aspiran a resultados en corto plazo, abandonan súbitamente su lucha exactamente cuando ya estaban a punto de conquistar la meta.

Un pequeño gusano roe el corazón
a un enorme cedro y lo derriba.

SECRETO 66

AGREGA VALOR A TUS PRODUCTOS O SERVICIOS

Si a cada interacción le agregas valor adicional, lograrás tus objetivos. Comencemos por los negocios: la manera más rápida para que un negocio prospere es que tus clientes estén encantados contigo. Conseguir que estén muy satisfechos de tus servicios o del producto que ofreces, y que lo comenten, entusiasmados, con sus amigos y familiares es la publicidad más eficaz que puedes hacer. Vale la pena que inviertas el tiempo que sea necesario en idear una manera de mejorar tu servicio o tu producto. Debes darles a tus clientes más de lo que esperan recibir, anticipándote a lo que les gustaría antes de que ellos mismos lo perciban. Según de qué negocio se trate, los detalles serán distintos. Piensa en la última vez que una empresa te ofreció una ventaja adicional respecto de un determinado producto.

El hecho de mejorar la calidad de tus servicios no tiene por qué redundar en mayores gastos. Por ejemplo, una tienda de ropa agregó valor a sus productos al permitir que sus clientes se llevaran al vestidor todas las prendas que quisieran. Una tienda de comestibles descubrió que a sus clientes les gustaba más, en lugar de llevarse una caja de fresas, escogerlas una por una. Una vez que decidieron dejar las fresas a disposición de los clientes, las ventas aumentaron, porque la gente compraba más fresas de las que cabían en una caja. Muchas empresas tienen una estrategia de ventas que incluye ofrecer a sus clientes la posibilidad de devolver la compra, sea lo que sea, en caso de que se presente algún problema con el producto adquirido.

Tu modo de agregar valor a tus productos o servicios puede muy bien ir ligado a tu manera de ver las cosas y a tú propósito en la vida. Bien, ¿qué podrías hacer tú personalmente? Veamos cómo puedes mejorar o agregar valor a cada situación. Quizá le sonríes al conductor del autobús. Aceptas y reconoces la valía de los demás. Perdonas. Haces un favor y no se lo cuentas a nadie. Llamas a un ser querido sólo para decirle: "Te quiero". Sabes escuchar a los demás. Dejas pasar a alguien en una fila. ¿Comprendes la idea? Simplemente piensa cómo puedes mejorar cada una de tus interacciones. ¡Es muy agradable! Si para ti no lo es, eso significa que lo haces porque crees que debes hacerlo y no porque realmente quieres. ¡Ten cuidado con los *deberías*! Si algo se convierte en un *debería*, es mejor no hacerlo. ¿De que manera dejarías que escogieran las fresas en tu caso? Ofrece lo inesperado y atraerás el éxito en forma natural.

Consejos para ser ascendido

¿Cómo lograr un ascenso? La regla es que, si uno quiere progresar, debe estar completamente convencido de querer hacerlo. En otras palabras, uno mismo se forja su destino en esta materia.

Algunos consejos para obtener un ascenso

✓ Desempéñate con excelencia, supera las expectativas y haz más de lo que debes cada vez que tengas la oportunidad.

✓ Cultiva tu relación con tus subordinados igual que como lo haces con tus superiores. Si uno no se lleva bien con los colegas, el trabajo se puede convertir en una de sus peores pesadillas.

✓ Participa desde un principio en los proyectos principales de la compañía para que luego te tomen en cuenta.

✓ Busca consejo de varios mentores.

✓ Mantén una actitud positiva y propágala. Sé optimista y ten confianza.

SECRETO 67

ENTABLA AMISTAD
CON TU MIEDO

A veces, mis clientes utilizan sus miedos para justificar su imposibilidad para llevar a cabo ciertas cosas. Odian admitirlo porque creen que tener miedo está mal y no deberían tenerlo. En ese momento, me detengo a averiguar las razones de ese miedo. ¿Qué lo está generando? ¿Sabes qué?, el miedo no es algo malo, es nuestro amigo. Por lo general, tenemos miedo por alguna excelente razón. Y a menudo, la mejor solución es enfrentar ese miedo para luego entrar en acción.

Los miedos surgen de diversas fuentes. Es interesante examinarlos para determinar su origen y si son o no infundados. A veces, descubrirás que lo son. Puede que se trate de miedos que se remontan a la niñez, dado que nuestros padres tratan de hacer todo lo posible por protegernos. Un consejo como: "no hables con extraños", es perfecto para un niño de cinco años. No obstante, llegará un momento en que tendrás que hablar con gente que no conoces simplemente para sobrevivir. Los miedos pueden ser también fruto de prohibiciones culturales o religiosas. Uno de los más poderosos generadores de miedo son las noticias.

Mi madre vio un reportaje en la televisión sobre una mujer que viajaba sola y a quien raptaron y asesinaron. Como es natural, se asustó y no quería que ningún miembro de la familia viajase solo. ¿Cómo voy a vivir mi vida, tener aventuras e impartir cursos por diferentes regiones si no viajo solo? A veces el miedo es una gran protección, pero nos olvidamos de que los noticieros en general son poco confiables, pues sólo nos dejan ver las malas noticias. No hablan de los miles de millones de seres humanos que viajan solos, felices y sin problemas. Eso no sería una gran noticia para ellos.

Dejé de mirar los noticieros, porque comprendí que existen cosas más importantes que hacer en la vida. Si quieres realizar tus sueños, tendrás que correr algunos riesgos. No permitas que los medios de comunicación ni nadie más te detengan.

Otra manera de afrontar el miedo es comenzar a arriesgarse más en la vida (no me refiero a que practiques actividades que supongan un peligro para tu salud física). Corre pequeños riesgos, e incluso grandes. ¿Por qué? Porque correr un riesgo, hacer algo que te dé miedo, te hará sentir que vives plenamente y te hará vibrar. El miedo hace que tu corazón se acelere y tus piernas tiemblen. Si te arriesgas, llegarás a ser una persona más fuerte y poderosa. He aquí algunas sugerencias para fortalecer tu capacidad de arriesgarte:

1. Pídele un aumento a tu jefe. La mayoría de las personas reciben salarios bajos teniendo en cuenta el trabajo que hacen. ¡Pide más!

2. Llama a alguien a quien tenías la intención de llamar y, por la razón que sea, no lo hiciste.

3. Pídele a alguien que te ayude a resolver algún problema que tengas.

4. Pide disculpas a alguna persona a quien hiciste daño, aunque ella no sepa que fuiste tú.

5. Devuelve algo que hayas tomado prestado, con las disculpas correspondientes.

6. Ofrécete para hacer una presentación o para dar un discurso.

7. Haz un viaje a solas.

8. Ve a comer o al cine sin compañía alguna.

9. Invita a una persona que te atraiga a salir.

10. Toma una clase de artes marciales.

¿Qué relación existe entre estas actividades y tu realización personal? Las personas que nunca se arriesgan suelen marchitarse y jamás progresan. Pueden quedarse estancadas en una rutina que terminará por aburrirles. Un riesgo o dos aportan frescura y despejan la mente, eliminando las viejas inquietudes que suelen rondarte. ¿Qué tienes miedo de hacer? Hazlo esta misma semana. Pídele a un amigo que te acompañe si lo necesitas. Continua buscando nuevos retos, nuevas situaciones que te asusten, y verás cómo se te presentan oportunidades maravillosas.

Formas de ver la vida

Hay dos formas de ver la vida: de manera positiva o negativa. Tú eliges. Hay que agradecer a Dios:

✓ Por todo lo que tengo que limpiar después de la fiesta, porque significa que estoy rodeado de familiares y amigos.

✓ Por los impuestos que pago, porque quiere decir que tengo empleo.

✓ Por la ropa que me aprieta un poco, porque significa que como lo suficiente.

✓ Por la sombra que me vigila trabajando, porque significa que tengo luz del sol.

✓ Por el patio que tengo que arreglar, las ventanas que tengo que limpiar y las goteras que tengo que reparar, porque significa que tengo un hogar.

✓ Por todas las quejas que escucho acerca de mi gobierno, pues significa que tenemos libertad de expresión.

✓ Por el espacio más lejano que encuentro en el estacionamiento, porque significa que soy capaz de caminar.

✓ Por la viejita que canta desentonada detrás de mí en misa, porque significa que puedo oír.

✓ Por los cerros de ropa que tengo que lavar y planchar, pues significa que tengo con qué vestirme a diario.

✓ Por el cansancio y dolores musculares al final del día, pues significa que estuve muy productivo.

✓ Por el despertador que suena a diario muy temprano en la mañana, pues significa que estoy vivo.

✓ Por el mal recuerdo en mi mente de aquel accidente, pues significa que aún conservo mi vida, mi memoria y mi razón.

✓ Por los celos, producto del miedo de perder a esa persona, pues significa que tengo a alguien a quien amar y que me ama.

✓ Por aquellos sueños que no se han cumplido, pues significa que aún tengo ilusiones.

✓ Por recibir tantos correos electrónicos y llamadas que me abruman a diario, porque así sé que tengo muchos amigos y gente que piensan en mí.

¡Elige vivir este día de manera positiva!

SECRETO 68

JUEGA MÁS

La fuente de la creatividad y de la singularidad de todo ser humano es el niño que guarda en su interior, y el juego es el medio para desarrollar sus capacidades y talentos.

Es fácil estar demasiado ocupados para hacer lo que realmente nos gusta, esas actividades que alimentan nuestro espíritu, llenándonos de energía. Pero, en algún momento, necesitarás detenerte y preguntarte: ¿qué sentido tiene hacer todo el esfuerzo si no tengo tiempo para disfrutar de la vida? En mi trabajo, una de las primeras cosas que les pido a mis clientes es que comiencen a dedicar más tiempo a las actividades que disfrutan. Lo triste es que muy a menudo no pueden ni siquiera imaginar algo que les guste hacer. Jugar rejuvenece y aporta energía, de modo que puedas regresar renovado a tu trabajo, con entusiasmo y alegría. Cualquier trabajo, por más satisfactorio que sea, se vuele tedioso si no se equilibra con el juego para disfrutar más de lo que hacemos. Necesitarás jugar y hacer tu vida lo más divertida posible, para realmente gozar de tu éxito.

Una de las maneras de configurar tu flujo de actividades es pensar en lo que hacías durante tu infancia para divertirte. Cuando eras niño, no cargabas con el peso de las responsabilidades adultas, e instintivamente hacías aquello que aumentaba tu energía. Si no puedes recordarlo, pregúntales a tus familiares a qué jugabas en la niñez.

Crea un espacio para el juego en tu vida. El éxito de toda actividad depende del hecho de estar completamente presente en ese momento. Puede ser leer, ir en bicicleta, pintar, bailar, jugar al baloncesto o al futbol, cocinar o aquello que más disfrutes.

Lograrás mayor éxito si juegas porque el flujo de este tipo de actividades, no sólo te dará energía, sino también una gran satisfacción personal.

¡Renuncio a ser adulto!

Por medio de la presente manifiesto mi renuncia a ser adulto. He decidido aceptar la responsabilidad de tener 6 años nuevamente.

Quiero ir a McDonald's y pensar que es un restaurante de cinco estrellas.

Quiero navegar barquitos de papel en un estanque y hacer anillos tirando piedras al agua.

Quiero pensar en que los dulces son mejor que el dinero, pues se pueden comer.

Quiero tener un receso y pintar con acuarelas.

Quiero salir cómodamente de mi casa sin preocuparme como luce mi cabello.

Quiero tener alguien que me arregle y me planche la ropa.

Quiero regresar a mi casa a una comida casera y que alguien corte mi carne.

Quiero tomar largos baños y dormir diez horas todas las noches.

Quiero abrazar a mis padres todos los días y secar mis lágrimas en sus hombros.

Quiero regresar a los tiempos donde la vida era simple. Cuando todo lo que sabía eran colores, tablas de sumar y cuentos de hadas, y eso no me molestaba, porque no sabía que no sabía y no me preocupaba por no saber.

Con todo lo que sabía era feliz, porque no sabía las cosas que preocupan y molestan.

Quiero pensar que el mundo es justo. Que todas las personas son honestas y buenas.

Quiero pensar que todo es posible.

En algún lugar de mi juventud maduré, y aprendí demasiado.

Aprendí de armas nucleares, guerras, prejuicio, hambre y de abuso de niños.

Aprendí sobre mentiras, matrimonios infelices, del sufrimiento, enfermedades, dolor y la muerte.

Aprendí que tú tienes que limpiar los inodoros.

Aprendí de un mundo en el que saben cómo matar y lo hacen.

¿Qué pasó con el tiempo en que pensaba que todo el mundo viviría para siempre, porque no entendía el concepto de la muerte, excepto cuando perdí a mi mascota?

Cuando pensaba que lo peor que pasaba era que alguien me quitara mi pelota o me escogiera al último para ser su compañero de equipo.

Cuando no necesitaba lentes para leer.

Quiero alejarme de las complejidades de la vida y emocionarme nuevamente con las pequeñas cosas una vez más.

Quiero regresar a los días en que la música era limpia y sana.

Recuerdo cuando era inocente y pensaba que todo el mundo era feliz porque yo lo era.

Caminaría de nuevo en la playa pensando sólo en la arena entre los dedos de mis pies y la concha más bonita que pudiera encontrar, sin preocuparme por la erosión y contaminación.

Pasaría mis tardes subiendo árboles y montando en mi bicicleta hasta llegar al parque, sin la preocupación de que me secuestren.

No me preocupaba por el tiempo, las deudas, o por dónde iba a sacar dinero para arreglar el auto.

Sólo pensaba en lo que iba a ser cuando fuera grande, sin la preocupación de lograrlo o no.

Quiero vivir simple nuevamente.

No quiero que mis días sean de computadoras que me controlan, de la montaña de papeles en mi escritorio, de noticias deprimentes, ni de como sobrevivir unos días más al mes cuando ya no queda dinero en la cartera.

No quiero que mis días sean de facturas de médicos o medicinas.

No quiero que mis días sean de chismes, enfermedades
y pérdida de seres queridos.

Quiero creer en el poder de la sonrisa, del abrazo, del apretón de
manos, de la palabra dulce, de la verdad, de la justicia, de la paz,
los sueños, de la imaginación.

Quiero creer en la raza humana y quiero volver a dibujar
muñecos en la arena...

Quiero volver a mis 6 años.

Espero que cada uno de nosotros pueda vivir un poco de ese niño
que llevamos dentro, y no nos dejemos arrastrar por la sociedad
que nos rodea.

Si todos pensáramos y actuáramos un poquito como niños, ¿no
creen que muchas cosas en el mundo podrían ser diferentes?

SECRETO 69

SÉ UNA PERSONA BRILLANTE, MARAVILLOSA, EXTRAORDINARIA Y FABULOSA

Nuestro miedo más profundo no es ser fracasados, sino ser
triunfadores más allá de toda mesura.

Es nuestra luz, no nuestra sombra, lo que nos asusta.

Nos preguntamos: ¿Quién soy yo para ser brillante, maravilloso,
extraordinario, fabuloso?

En verdad, ¿quién eres para no serlo?

Eres un hijo de Dios.

Todos fuimos creados para brillar, como los niños.

Nacimos para manifestar esa gloria de Dios, que está en nuestro
interior.

No sólo de algunos de nosotros, sino de todos.

Y al brillar con nuestra propia luz, inconscientemente permitimos
que los demás también brillen. ¿De qué serviría ser luz si no
vamos a iluminar el camino de los demás?

Así como, al liberarnos de nuestros miedos, nuestra presencia
libera de inmediato los miedos ajenos.

Durante años, escritores como Napoleón Hill, autor de *Piense y hágase rico*, han insistido en que la clave del éxito es fortalecer el poder del pensamiento. Pero la mayoría nos hemos mantenido escépticos, con la idea de que el pensamiento es intangible y, por lo tanto, irrelevante. No obstante, las recientes evidencias científicas demuestran que los pensamientos son, de hecho, muy poderosos. En un artículo publicado en el *Newsweek*, titulado "Así funciona el pensamiento", Sharon Begley menciona que los pensamientos son señales eléctricas que pueden detectarse por medio de un electroencefalógrafo de control de las aptitudes mecánicas. El neurobiólogo Niels Birbaumer, tiene seis pacientes con una mente sana encerrada en un cuerpo paralizado. Viven gracias a la ayuda de estas máquinas, conectados a un "dispositivo de traducción del pensamiento" que amplifica sus ondas cerebrales permitiéndoles seleccionar letras del alfabeto en la pantalla de una computadora y componer frases.

El equipo de trabajo de Birbaumer, colocó electrodos detrás de los oídos y en el cráneo de los pacientes. Estos electrodos estaban diseñados para detectar ondas cerebrales y conectados al electroencefalógrafo, que seleccionaba un tipo especial de onda de entre todas las que recibía, de la misma manera que sintonizamos la radio para encontrar nuestra emisora favorita. El aparato estaba conectado a su vez a una computadora. Después de cientos de horas de práctica, los pacientes aprendieron a controlar sus ondas cerebrales, seleccionando un tono en particular.

Una vez que dominan la técnica, son capaces de deletrear palabras escribiéndolas en la pantalla de la computadora sólo con el pensamiento. El próximo proyecto de estos investigadores es la creación de un sistema sin conexiones donde los electrodos tendrán sensibilidad suficiente para captar las ondas cerebrales directamente del aire. Esta ciencia revolucionaria no sólo prueba que los pensamientos son algo concreto, sino también que interaccionan con el ambiente.

Una vez más, volvemos a la energía. Los pensamientos son señales eléctricas, y por lo tanto, una forma de energía con una existencia tan real como la de un sólido y macizo escritorio de caoba. La ciencia se acerca a lo que muchos pensadores radicales o de la nueva era han expresado desde hace ya tiempo: que nuestra realidad es una creación mental, obra de nuestro pensamiento. Simplemente demuestra el poder de la mente.

Podemos decir lo mismo con respecto a este libro, si bien sus resultados podrían de alguna manera parecer mágicos o místicos, no es ese el caso. Seguir estos consejos hace que tus pensamientos cobren mayor potencia y claridad, y que vibren de tal modo que reduzcan o eliminen las fuentes de estancamiento y de pérdida de energía, agregando al mismo tiempo elementos que la aumentan. Cuanta mayor sea la cantidad de energía de que dispongas, más claros y más potentes serán tus pensamientos.

La mayoría de las personas emiten pensamientos conflictivos y débiles. No puede sorprendernos que su vida sea un reflejo de esos pensamientos. Ahora que sabes que tus pensamientos configuran la realidad, comprenderás que los que expresan negatividad son mucho más peligrosos de lo que suponías. Con pensamientos así, no necesitas enemigos... Por una vez, podrías pensar que eres una persona brillante, maravillosa, talentosa, extraordinaria y fabulosa. Nuestros pensamientos son nuestra realidad. Todos enviamos nuestras propias señales al universo. ¿Qué señales envías tú?

Ahora bien, lo primero que te sugiero hacer es eliminar la fuente de todos tus pensamientos derrotistas y negativos. Y a partir de ese momento, entrarán en juego estos consejos prácticos y concretos. Ésa es la razón por la que escribir lo que deseas, por lo menos, quince veces al día, es un excelente sistema. Día a día, hasta que lo consigues, estás enviando un mensaje positivo y consecuente que expresa lo que quieres para tu vida. Las personas que llegan a tener su propia empresa son las que piensan que son capaces de crearla.

Las siete maravillas
del mundo

A un grupo de estudiantes de escuela primaria se les pidió que enumeraran lo que ellos pensaban que eran las siete maravillas del mundo moderno. A pesar de ciertas diferencias, las siguientes fueron las que más votos recibieron:

1. Las pirámides de Egipto
2. El Taj Mahal
3. Las pirámides de Chichén Itzá
4. El canal de Panamá
5. La torre Eiffel
6. La basílica de san Pedro
7. La gran muralla china

Mientras contaba los votos, la maestra notó que había una niña que no había terminado de enlistar sus sugerencias.

Así que le preguntó si estaba teniendo problemas con su lista, a lo que la niña respondió: "Sí, un poquito. No puedo terminar de decidirme, pues hay muchas".

La maestra entonces le dijo:

"Bueno, léenos lo que tienes hasta ahora y a lo mejor te podemos ayudar."

La niña lo pensó un instante, y luego leyó:

Yo pienso que las siete maravillas del mundo son:

1. Poder ver.
2. Poder oír.
3. Poder tocar.
4. Poder probar.
5. Poder sentir.
6. Poder reír.
7. Poder amar.

El salón se silenció a tal punto que se hubiera escuchado la caída de un alfiler.

Las cosas simples que nosotros a veces tomamos como ordinarias, son las verdaderamente extraordinarias…

SECRETO 70

ENCUENTRA TU SENTIDO

*Cuando el científico, el filósofo, el místico, el maestro
y el músico se unan, estarán hablando el mismo lenguaje.*

Cada persona es vista como un individuo único pasando por una vida de momentos irrepetibles; cada uno de dichos momentos ofrece un potencial de significado. Reconocer los significados del momento y responder a los mismos es llevar una vida responsable.

El esfuerzo por encontrar significado en la vida propia es la fuerza primaria en el ser humano. La búsqueda de sentido en la vida se puede aplicar a muchos aspectos como vivir, amar, aprender, dejar un legado y guiar a otros.

Vivir. El significado de la vida difiere de una persona a otra. La tarea de cada ser humano es tan única como su oportunidad específica para llevarla a cabo. Sólo se puede responder a la vida siendo responsable. Descubramos nuestro propósito por medio de: 1) desarrollar un trabajo o crear una obra; 2) experimentar algo o encontrar a alguien, y 3) tomar una actitud positiva hacia el sufrimiento inevitable. Sólo descubriendo nuestro propósito y misión en la vida, y viviendo la paz que resulta de cumplir con nuestro propósito, es que podemos recibir los frutos de la felicidad última y total.

Amar. La gente no puede estar completa y crecer a no ser que pueda darle amor a otros. El amor nos permite compartir diferencias y crecer como individuos. Además, donde el amor mora entre las personas, las organizaciones crecen también. Un líder que ama a su gente verá sus diferencias como fortalezas. El amor exige lo mejor de la gente. Al hacer consciente a un individuo de lo que puede ser y de en lo que se debe convertir, puede éste ser humano transformar todos sus potenciales en realidad. Si ama a alguien, espere siempre lo mejor de él.

Aprender. La salud mental se basa en cierto grado de tensión creativa, la tensión existente entre lo que uno ya ha logrado y lo que todavía debe lograr; es decir, la brecha, la distancia o la separación, entre lo que uno es actualmente y aquello en lo que debe convertirse. Esto, en esencia, es la pasión de un ser humano por el mejoramiento continuo, que sólo puede resultar del aprendizaje continuo. Procurar siempre cerrar la brecha o separación de calidad entre la condición actual y el estado deseado, debe ser una filosofía de vida. La gente debe sentir, escuchar y experimentar la brecha de calidad y convertirse en una parte integral y significativa para cerrarla. Cuando están involucrados, los individuos sienten significado y propósitos en su trabajo. El aprendizaje continuo y, por lo tanto, el mejoramiento continuo, es el único medio a través del cual se puede cerrar la brecha de calidad. Finalmente, el hombre se forma a sí mismo. Del mismo modo, toda persona tiene la libertad de cambiar de manera positiva en cualquier instante.

Legados. Una vez que las personas encuentran sus misiones en la vida, buscarán dejar un legado que testifique su existencia. En cualquier momento, el hombre debe decidir, para bien, cuál será el monumento de su existencia.

Liderazgo. Sin importar nuestra situación, tenemos la libertad de elegir nuestra respuesta. Esta habilidad para responder se llama responsabilidad. Debemos buscar mejoramiento en esta área, viviendo, amando y aprendiendo lo mejor que nos sea posible. Con el fin de dejar un legado, debemos descubrir nuestra misión y propósito, buscando incesantemente cumplir con nuestro destino. A esto se le llama *liderazgo personal*. Los líderes son responsables de desafiar a la gente para que alcance nuevos niveles, eliminar barreras y apoyar a las personas con el propósito de que den lo mejor de sí. Además, parte de ser un líder consiste en crear una visión para el futuro. Esto genera la tensión creativa que es esencial para la salud mental de la gente. Crear esta visión y manejar la tensión creativa que se halla en la resultante brecha de calidad es, tal vez, la habilidad más importante de un líder visionario.

Podemos delegar la autoridad, pero no la responsabilidad.

La vaquíta

Un maestro de la sabiduría paseaba por un bosque con su fiel discípulo, cuando vio a lo lejos un sitio de apariencia pobre; decidió hacer una breve visita al lugar.

Llegando al lugar, constató la pobreza del sitio, los habitantes, una pareja y tres hijos, la casa de madera, vestidos con ropas sucias y rasgadas, sin calzado.

Entonces, se aproximó al señor, aparentemente el padre de familia y le preguntó: "En este lugar no existen posibilidades de trabajo ni puntos de comercio tampoco, ¿cómo hacen usted y su familia para sobrevivir aquí?" El señor, calmadamente, respondió: "Amigo mío, nosotros tenemos una vaquita que nos da varios litros de leche todos los días. Una parte del producto la vendemos o la cambiamos por otros géneros alimenticios en la ciudad vecina y con la otra parte producimos queso, cuajada, etc., para nuestro consumo y así es como vamos sobreviviendo." El sabio agradeció la información, contempló el lugar por un momento, luego se despidió y se fue.

A la mitad del camino, volteó hacia su fiel discípulo y le ordenó: "Busca la vaquita, llévala al precipicio de enfrente y empújala al barranco." El joven, espantado, vio al maestro y le cuestionó acerca de que la vaquita era el medio de subsistencia de aquella familia. Pero el maestro se quedó en un silencio absoluto; entonces, fue a cumplir la orden. Así que empujó la vaquita por el precipicio y la vio morir. Aquella escena quedó grabada en la memoria de aquel joven durante algunos años.

Un bello día, el joven resolvió abandonar todo lo que había aprendido y regresar a aquel lugar y contarle todo a la familia, pedir perdón y ayudarles. Así lo hizo, y a medida que se aproximaba al lugar veía todo muy bonito, con árboles floridos, todo habitado, con carro en el garaje de tremenda casa y algunos niños jugando en el jardín.

El joven se sintió triste y desesperado imaginando que aquella humilde familia tuviese que vender el terreno para sobrevivir, aceleró el paso y llegando allá, fue recibido por un señor muy simpático; el joven preguntó por la familia que vivía allí antes, el señor respondió que seguían viviendo allí. Espantado, el joven entró corriendo a la casa y confirmó que era la misma familia que visitó algunos años atrás con el maestro. Elogió el lugar y le preguntó al señor: "¿Cómo hizo para mejorar este lugar y cambiar de vida?"

El señor, entusiasmado, le respondió: nosotros teníamos una vaquita que cayó por el precipicio y murió, y de ahí en adelante nos vimos en la necesidad de hacer otras cosas y desarrollar otras habilidades que no sabíamos que teníamos; así alcanzamos el éxito que sus ojos vislumbran ahora. Todos nosotros tenemos una vaquita que nos proporciona alguna cosa básica para nuestra supervivencia la cual es una convivencia con la rutina.

Descubre cuál es tu vaquita y aprovecha para empujarla por el precipicio.

¡Innova, haz que se produzca un cambio
en tu existencia!

SECRETO 71

DESARROLLA UN EXCELENTE LIDERAZGO

Deja que los demás salgan airosos de situaciones difíciles

Puedes fomentar un ambiente de trabajo mucho más productivo si das a los demás la oportunidad de hacer las cosas por sí mismos. Si sugieres ciertas acciones y luego dejas que las personas hagan las cosas lo mejor que puedan, creas una situación en la que la gente que trabaja para ti sabe que puede sobresalir.

Cómo impulsar a la gente hacia el éxito

Sé absolutamente sincero y cordial cuando halagues cualquier mejora o progreso. Las personas florecerán ante tus ojos.

Éste es el enfoque positivo de la motivación e influencia a las personas.

Elogia lo bueno en lugar de criticar lo malo. Unas pocas palabras de elogio pueden cambiar el futuro de una persona.

La próxima vez que estés tentado a hablar acerca del fracaso de alguien, intenta elogiarlo sinceramente por otra cosa y ve qué tipo de resultados obtiene.

Da a las personas un buen nombre

Si le das a alguien una buena reputación, seguramente la persona actuará a la altura de la misma.

Si quieres mejorar la conducta de alguien, actúa como si esta persona ya estuviera actuando así.

Haz que la falta parezca
fácil de corregir

Cuando la gente falle, dale aliento. Esto por sí sólo hace que cualquier falta parezca sencilla de corregir. Déjale saber que tienes fe en su habilidad para hacerlo. Así, la persona practicará noche y día hasta que lo haga como debe ser.

¿Zanahoria, huevo o café?

El oro, para ser purificado, debe pasar por el fuego y el ser humano necesita pruebas para pulir su carácter. Pero lo más importante es cómo reaccionamos frente a las pruebas.

Una hija se quejaba con su padre acerca de su vida y cómo las cosas le resultaban tan difíciles. No sabía cómo hacer para seguir adelante y creía que se daría por vencida. Estaba cansada de luchar. Parecía que cuando solucionaba un problema, aparecía otro.

Su padre, un chef, la llevó a su lugar de trabajo. Allí llenó tres ollas con agua y las colocó sobre fuego fuerte. Pronto, el agua de las tres ollas estaba hirviendo. En una colocó zanahorias, en otra colocó huevos y en la última colocó granos de café. Las dejó hervir sin decir palabra.

La hija esperó impacientemente, preguntándose qué estaría haciendo su padre.

A los 20 minutos, el padre apagó el fuego. Sacó las zanahorias y las colocó en un tazón. Sacó los huevos y los colocó en otro tazón. Coló el café y lo puso en un tercer tazón. Mirando a su hija le dijo: "Querida, ¿qué ves?" "Zanahorias, huevos y café", fue la respuesta.

La hizo acercarse y le pidió que tocara las zanahorias. Ella lo hizo y notó que estaban blandas. Luego, le pidió que tomara un huevo y lo rompiera. Tras sacarle la cáscara, observó el huevo duro. Después, le pidió que probara el café. Ella sonrió mientras disfrutaba de su rico aroma.

Humildemente, la hija preguntó: "¿Qué significa esto?" Su padre le explicó que los tres elementos habían enfrentado la misma adversidad: agua hirviendo, pero habían reaccionado en forma diferente. La zanahoria llegó al agua fuerte, dura. Pero, después de pasar por el agua hirviendo, se había vuelto débil, fácil de deshacer. El huevo había llegado al agua frágil. Su cáscara fina protegía su interior líquido. Pero después de estar en agua hirviendo, su interior se había endurecido. Los granos de café, sin embargo, eran únicos. Luego de estar en agua hirviendo, habían cambiado al agua.

"¿Cuál eres tú?", preguntó a su hija. "Cuando la adversidad llama a tu puerta, ¿cómo respondes? ¿Eres una zanahoria, un huevo o un grano de café?"

¿Y cómo eres tú, amigo? ¿Eres una zanahoria que parece fuerte, pero que cuando la adversidad y el dolor te tocan, te vuelves débil y pierdes tu fortaleza? ¿Eres un huevo, que comienza con un corazón maleable? Poseías un espíritu fluido, pero después de una muerte, una separación, un divorcio o un despido te has vuelto duro y rígido. Por fuera te ves igual, pero, ¿eres amargado y áspero, con un espíritu y un corazón endurecido? ¿O eres como un grano de café? El café cambia al agua hirviente, el elemento que le causa dolor. Cuando el agua llega al punto de ebullición, el café alcanza su mejor sabor. Si eres como el grano de café, cuando las cosas se ponen peor, tú reaccionas mejor y haces que las cosas a tu alrededor mejoren. ¿Cómo manejas la adversidad? ¿Eres una zanahoria, un huevo o un grano de café?

SECRETO 72

LAS CLAVES PARA MEJORAR TU CARRERA PROFESIONAL

SÉ BUENO EN TU TRABAJO, Y ESTÁ DISPUESTO A SER LÍDER

Ser bueno en el trabajo tiene dos caras: el conocimiento "duro", es decir, la excelencia técnica, y el lado "blando", la habilidad de relacionarse con los demás.

Si eres bueno en el trato con la gente, podrás aprender los detalles técnicos. El éxito depende de obtener la información necesaria de las personas, no de las computadoras. Para ello, requieres la habilidad de entender e influir a los demás en forma efectiva.

Estar dispuesto a ser líder, por su parte, implica estar listo para dar un paso adelante, tomar riesgos y encabezar la empresa.

RESPALDA A TU GENTE

Siempre debes estar dispuesto a pelear por tus empleados y respaldarlos en todo. Sé leal hacia abajo —comparte los éxitos con toda la organización—. Debes respaldar a tu gente si quieres el respaldo de ellos.

ADMITE TUS ERRORES

Si cometes un error, admítelo. Entonces, corrígelo y continúa avanzando.

Sé directo en tu comunicación

Comunícate con los demás en forma clara y directa. Habla o escribe de manera sencilla. Dar instrucciones claras ayuda a los empleados a efectuar lo que quieres que hagan. Un discurso directo también inspira confianza en lo que dices. Cuando expresas lo que quieres decir, evitas malentendidos.

Sé curioso

Es importante hacer muchas preguntas y aprender todo lo que se pueda. Busca respuestas para todo lo que no entiendas.

Al hacer preguntas, trata de obtener nueva información o de clarificar información vieja.

Haz tus preguntas de modo conversacional y cómoda.

Cuando las preguntas se plantean en forma de ataques, las personas se ponen a la defensiva, o pueden sentirse disminuidas. Es siempre mejor formular preguntas de manera constructiva.

Sé flexible, dispuesto a adaptarte al cambio

Siendo flexible, puedes adaptar tus respuestas a medida que cambian las circunstancias. Esto no significa ser poco disciplinado, sino estar dispuesto a ceder un poco y no ceñirse a tus posiciones.

Muestra tu aprecio

Escribe notas a dos o tres personas de tu equipo cada semana felicitándolos por sus logros profesionales o personales. Halágalos por tomar riesgos, por manejar bien a un cliente o por cualquier otra cosa.

Toda persona responde bien ante un elogio. Un empleado contento es un empleado productivo.

Cuando tratamos de descubrir lo mejor que hay en los demás,
descubrimos lo mejor de nosotros mismos.

Busca áreas de oportunidad

Organiza un equipo para que visiten al menos otras diez empresas. No
necesariamente deben ser similares a la tuya; pueden ser centros de
operaciones, sedes principales, plantas o almacenes.

El objetivo de estas visitas es buscar cosas que otros hagan bien y
tu empresa requiera mejorar. Trata de identificar al menos diez mejoras que puedas implantar en tu negocio, dos de las cuales puedan ser
aplicadas en forma inmediata. Otras áreas en las cuales puedes buscar
mejoras son: mantenimiento, seguridad, medición y monitoreo de resultados, reclutamiento, aseguramiento de calidad y entrenamiento.

Conoce al experto

Si quieres ser un verdadero experto en determinada área, aprende de
quienes ya lo son. Identifica una habilidad específica que deseas mejorar (manejar múltiples proyectos a la vez o manejar grupos de trabajo,
por ejemplo) y consigue a alguien que sea realmente eficaz en eso.

Una vez identificada la persona ideal, pídele permiso para sentar-
te y observarlo. Hazlo con detenimiento y toma las notas necesarias,
pero no hagas juicios aún acerca de la utilidad de sus técnicas para ti.

Una vez hecho esto, reúnete con la persona y revisa con él tus
anotaciones. Comparte tus observaciones y obtén respuestas a preguntas como: ¿qué problemas surgen al usar estas estrategias? ¿Cómo
puedo poner esas estrategias en práctica? ¿Qué otros recursos se
pueden utilizar?

Establecimiento de objetivos

Comienza un cuaderno para analizar tus objetivos y detectar los cambios en tu forma de pensar a lo largo del tiempo.

— Clarifica los objetivos que realmente deseas alcanzar (en tu carrera, a nivel personal, posesiones, etc.). Redáctalos en forma positiva: "voy a hablar con confianza en público", en lugar de "quiero sobreponerme al miedo a hablar en público".
— Determina cómo sabrás que has alcanzado el objetivo.
— Determina cómo se verán afectadas tus relaciones con el logro del objetivo.
— Determina el efecto que tendrá sobre ti alcanzar dicho objetivo. Si predices los cambios, no resentirás la repercusión en tu vida.

Un centavo por lo que piensas

Los administradores generalmente piensan que animan suficientemente a sus empleados —casi siempre se equivocan—. La gente repite los comportamientos que son reforzados, así que no pierdas oportunidad de decir cuándo algo te gusta.

Todas las mañanas, pon un puñado de monedas en tu bolsillo. Cada vez que halagues a un empleado por un trabajo bien hecho, pasa una moneda al otro bolsillo. Si al final del día no has pasado todas las monedas, pregúntate por qué has sido tan austero.

El arranque de diez minutos

Todos posponemos, pero si decides eliminar la postergación de tu vida, seguramente fracasarás. Una técnica menos drástica puede mejorar tu productividad.

Cronometra diez minutos. Elige un proyecto que hayas estado posponiendo y, durante los próximos diez minutos, haz algo que te acerque hacia la culminación del mismo.

El problema con la postergación no es hacer el trabajo —es comenzar—. Al terminar los diez minutos, si quieres seguir trabajando, hazlo; si no, tienes permiso de dejarlo, siempre y cuando lo repitas al día siguiente.

Pavimenta el camino hacia el perdón

Selecciona dos o tres compañeros de trabajo con quienes tu relación no sea muy buena. Recuerda las razones que te llevaron a la ruptura y pregúntate si vale la pena reparar la relación. Probablemente valga la pena. Comienza a hacerlo, perdona.

En toda situación, ante cualquier circunstancia, tú tienes el mayor poder de todos: elegir tu actitud ante lo que te sucede. De allí se desprende tu capacidad para —en vez de sentirte como una víctima— ser un creador de oportunidades.

¡Luces, cámara, acción!

Todo actor sabe el valor de ensayar. Un administrador con habilidades poco desarrolladas puede ensayar para obtener mejores resultados.

Identifica tus puntos débiles. Puedes evaluar el desempeño de tus subordinados o vender una idea a tu jefe.

Para cualquier cosa que quieras hacer en forma más efectiva, consigue otra persona y ensaya. Dramatiza la situación y actúa con pasión, llevando a cabo el papel tal como quisieras hacerlo en la realidad.

Muchas personas confunden la mala administración con el destino.

¡Ánimo!

Un grupo de ranas viajaba por el bosque y, de repente, dos de ellas cayeron en un profundo hoyo y las demás ranas se reunieron alrededor del mismo; cuando vieron lo hondo que era, le dijeron a las dos ranas en el fondo que, para efectos prácticos, se debían dar por muertas; las ranas no hicieron caso a los comentarios de sus amigas y siguieron tratando de saltar fuera del hoyo con todas sus fuerzas. Las otras seguían insistiendo en que sus esfuerzos serían inútiles. Finalmente, una de las ranas puso atención a lo que las demás decían y se rindió. Ella se desplomó y murió. La otra rana continuó saltando tan fuerte como le era posible. Una vez más, la multitud de ranas le gritaba y le hacían señas para que dejara de sufrir y que simplemente se dispusiera a morir, ya que no tenía caso seguir luchando. Pero la rana saltó cada vez con más fuerzas hasta que finalmente logró salir del hoyo.

Cuando salió, las otras ranas le dijeron: "Nos da gusto que hayas logrado salir, a pesar de lo que te gritábamos". La rana les explicó que era sorda, y que pensó que las demás la estaban animando a esforzarse más para salir del hoyo.

Una palabra tiene el poder de salvar o de hundir una vida.

Una referencia relacionada:

En los Estados Unidos de América, en la NASA, hay un póster muy lindo de una abeja, el cual dice así:

"Aerodinámicamente el cuerpo de una abeja no está hecho para volar, lo bueno es que la abeja no lo sabe."

AUMENTA TU MOTIVACIÓN

Puedes aprender a controlar conscientemente tu motivación. En cualquier proyecto u objetivo estarás en posibilidades de aumentar tu motivación, mejorando tus posibilidades de éxito y reduciendo el esfuerzo requerido.

Las mayores remuneraciones son las que tienen significado para ti, sé intrépido y fuerzas muy poderosas te ayudarán. Aprende a rezar grandes plegarias, éstas tienen un gran poder en sí mismas.

¡Logra tus sueños a mitad de precio! Usa por lo menos una de las siguientes maneras creativas para hacer el trabajo:

— Busca formas de alcanzar por lo menos dos objetivos diferentes con un sólo trabajo.
— Trabaja de inmediato, no esperes hasta que tengas todas las respuestas.

Trabaja con alegría, no insistas en hacerlo a tu manera, motiva a las personas a trabajar con sus habilidades, personalidades y estilos. Trabajen juntos, consigue un amigo para hacer ejercicio, inicia un grupo de apoyo o únete a una asociación profesional. Trabaja con amor y con efectividad. Haz lo que amas y ama lo que haces.

Deja de subestimar tus posibilidades de éxito. Los triunfadores tienden a ser en exceso optimistas. Equivócate del lado del optimismo: pasa más tiempo en compañía de una persona exitosa y optimista, lee o escucha material motivacional, únete a un club de la salud o inicia un programa de ejercicio. También puedes inscribirte a un taller de autoestima, confianza, pensamiento positivo u oratoria. Puedes lograr cualquier cosa que tu mente piense.

Es necesario vivir cada instante como si fuera el último; el día de hoy elige:

El triunfo sobre la derrota.

La felicidad sobre la amargura.

La humildad sobre el orgullo.

El perdón sobre el rencor.

El crecimiento sobre la pasividad.

El amor sobre el odio.

La sabiduría suprema es tener sueños lo bastante grandes para no perderlos de vista mientras se persiguen.

20 secretos para una vida mejor

1. Trata de solucionar tus problemas con la mayor rapidez y en la forma más completa que te sea posible.
2. Olvida tu pasado. Nada de lo que hagas podrá ya cambiarlo.
3. Cuando estés más enfrascado en la lucha por la vida, date unos minutos para relajarte y descansar.
4. Resuelve tus frustraciones y enojos por la vía del diálogo tranquilo.
5. Ten suficiente valor para librarte de las debilidades que están frenando tu éxito.
6. Nunca te des por vencido, sólo para complacer a otras personas.

7. No culpes a las circunstancias de tus fracasos. Tú puedes sobreponerte a ellas.

8. No te expongas demasiado a circunstancias negativas. Y, si tienes que hacerlo, trata de aprender de ellas.

9. El odio es como el cáncer. Si no lo destruyes a tiempo, terminará por matarte.

10. El perdón te ayuda a purificar tu corazón y a reducir el dolor de las heridas que te han causado las personas malas.

11. Si deseas algo que es bueno tanto para ti como para otros, no te des por vencido hasta conseguirlo.

12. Invierte todo el tiempo y la energía que se necesiten en la posesión más importante que tienes: tú mismo.

13. Si puedes obtener algo de la noche a la mañana, puedes perderlo también en ese breve tiempo.

14. Aplícate con entusiasmo a luchar por alcanzar tus metas, todos los días de tu vida.

15. Trata de lograr lo "imposible", hasta que se vuelva una parte natural de tu vida.

16. Nadie puede quitarnos nada, a menos que hayamos renunciado antes a ello.

17. Una actitud consistente y positiva hace un mundo de diferencia.

18. No dejes tu felicidad en manos del destino.

19. Nadie te garantiza que habrá un mañana, así que aprecia lo que tienes hoy y haz con ello lo mejor que puedas.

20. Tu día comienza con lo que tú mismo te dices al despertar. Procura que sean ideas optimistas.

SECRETO 74

DESARROLLA UNA MENTE POSITIVA

Te invito a que cultives prácticas positivas.

Escúchate a ti mismo. Reconocer un error y decir: "Fue sólo un mal momento que debo superar", y darse cuenta de que mañana ya no será un problema, te permite mantener positivas las expectativas para un futuro.

Reta a los pensamientos negativos. Presta más atención a la manera en que explicas los errores y las situaciones desagradables tanto a ti mismo como a los demás; comienza a descubrir los pensamientos distorsionados y pesimistas. Cuando te sea posible, reemplázalos por atributos más constructivos. Sé específico, honesto y constructivo.

Recompénsate por el logro de pequeñas metas. Cada vez que alcances un objetivo en el logro de una actitud más positiva, refuérzala con una recompensa que disfrutes: ir al cine, leer una novela, salir a cenar o comprar alguna prenda de vestir que hayas deseado por algún tiempo.

Disfruta del humor, ya que la risa puede ser la mejor medicina. Una buena sonrisa puede animar tu mente y humor; y tal vez hasta elevar sanamente tu sistema inmunológico. De hecho, el buen humor y la alegría son vitales para el optimismo flexible. En parte, lo anterior se debe a que el buen humor puede ser una buena defensa contra los lamentos y el perfeccionismo.

Y, dado que tanto nuestro pesimismo e ira son egoístas, inútiles o injustificados, demasiados de nosotros perdemos oportunidades de oro en las que podríamos reírnos de nosotros mismos.

El ser humano puede tener éxito en todo aquello
por lo cual sienta un entusiasmo y una pasión sin límites.

¿Cómo ser dueño de mis emociones?

✓ Si me siento deprimido, cantaré.

✓ Si me siento triste, reiré.

✓ Si me siento enfermo, redoblaré mi trabajo.

✓ Si siento miedo, me lanzaré adelante.

✓ Si me siento inferior, vestiré ropas nuevas.

✓ Si me siento inseguro, levantaré la voz.

✓ Si me siento pobre, pensaré en la riqueza futura.

✓ Si me siento incompetente, recordaré éxitos pasados.

✓ Si me siento insignificante, recordaré mis metas.

✓ Si se apodera de mí la confianza excesiva,
   recordaré mis fracasos.

✓ Si me siento inclinado a entregarme a la buena vida,
   recordaré hambres pasadas.

✓ Si me siento complaciente,
   recordaré a mis competidores.

✓ Si disfruto de momentos de grandeza,
   recordaré momentos de vergüenza.

✓ Si me siento todo poderoso,
   intentaré detener el viento.

✓ Si alcanzo grandes riquezas,
   recordaré una boca hambrienta.

✓ Si me siento orgulloso en exceso,
   recordaré un momento de debilidad.

✓ Si pienso que mi habilidad no tiene igual,
   contemplaré las estrellas.

Og Mandino

MANTÉN UN OPTIMISMO SALUDABLE

Aun cuando es posible que las desilusiones y los fracasos sean muy dolorosos, también pueden constituir una potente energía para el cambio positivo; pero lo anterior sucede sólo cuando aprendemos a percibirlo gracias a la sabiduría de la esperanza.

Somos muy pocos los que ya nos hemos dado cuenta de cuánto se puede ganar gracias al cultivo de una actitud de saludable optimismo.

El optimismo puede ayudar a hacernos más adaptables al estrés, a aumentar nuestros puntos de ventaja y ayudar a protegernos contra ciertas enfermedades. En contraste, el pesimismo, posibilita sentir desamparo y mala salud. Recuerda siempre lo siguiente:

Sólo hay una persona como tú en todo el mundo. Si meditas por un sólo instante en ello, nunca ha habido y nunca habrá, nadie exactamente como tú. No puedes amar a alguien primero a no ser que antes te ames a ti mismo.

Cuando amamos a una persona, la aceptamos exactamente como es. Lo hermoso, como lo feo, lo fuerte junto a lo temeroso, la verdad mezclada con la fachada. Por supuesto, la única manera en la que podemos hacerlo es aceptándonos a nosotros mismos de la misma forma.

Nuestra mayor gloria no está en no haber caído nunca,
sino en levantarnos cada vez que caemos.

El éxito comienza con la voluntad

Si piensas que estás vencido, lo estás.
Si piensas que no te atreves, no lo harás.
Si piensas que te gustaría ganar, pero no puedes,
no lo lograrás.

Si piensas que perderás, ya has perdido.
Porque en el mundo encontrarás
que el éxito comienza con la voluntad del hombre.
Todo está en el estado mental.

Porque muchas carreras se han perdido
antes de haberse corrido,
y muchos cobardes han fracasado,
antes de haber su trabajo empezado.

Piensa en grande y tus hechos crecerán.
Piensa en pequeño y quedarás atrás.
Piensa que puedes y podrás.
Todo está en el estado mental.

Si piensas que estás aventajado, lo estás.
Tienes que pensar bien para elevarte.
Tienes que estar seguro de ti mismo,
antes de intentar ganar un premio.

La batalla de la vida no siempre la gana
el hombre más fuerte, o el más ligero,
porque tarde o temprano, el hombre que gana,
es aquel que cree poder hacerlo.

Rudyard Kipling

SECRETO 76

DESARROLLA UNA ACTITUD MENTAL POSITIVA

Lo cierto es que pensar es practicar química cerebral. Nuestra calidad de vida es el resultado de nuestras acciones y éstas a su vez, son el producto de nuestros hábitos. Sin embargo, toda acción va precedida por un pensamiento y una de las consecuencias de los pensamientos que albergamos en nuestra mente es la secreción de hormonas desde glándulas como el hipotálamo y la pituitaria. Estas hormonas se encargan de transmitir mensajes a otras partes del cuerpo. Por ejemplo, pensamientos hostiles y de enojo aceleran los latidos del corazón, suben la presión arterial y sonrojan la cara. Los sentimientos de ira, enemistad, resentimiento, depresión y tristeza, debilitan el sistema inmunológico del cuerpo y suelen favorecer la aparición de las llamadas enfermedades psicosomáticas.

Del mismo modo, pensamientos positivos como el entusiasmo, el amor, la amistad, la paz, la tranquilidad y muchos otros, producen un flujo de neurotransmisores y hormonas en el sistema nervioso central, que estimula, provee energía al cuerpo, y crea las circunstancias propicias para el mantenimiento o restauración de una buena salud. Cada uno de nosotros es, hasta cierto punto, responsable por el nivel de salud del cual estemos disfrutando.

¿Se ha dado cuenta cómo las personas que constantemente se quejan por todo son generalmente las mismas que suelen enfermarse con mayor frecuencia? Martín Seligman, profesor de la universidad de Pennsylvania, asevera que el sistema inmunológico de la persona pesimista y negativa no responde tan bien como el de la persona optimista y positiva. Una actitud triunfadora y perseverante no sólo nos puede ayudar a alcanzar nuestras metas, sino que, en muchas ocasiones, puede ser la diferencia entre la vida y la muerte. Un grupo de investigadores del hospital King´s College de Londres, llevó a cabo un estudio con 57 pacientes que sufrían de cáncer de seno y quienes habían recibido una cirugía. Siete de cada diez mujeres de las que poseían lo que los doctores llamaban un "espíritu de lucha", diez años más tarde aún tenían vidas normales, mientras que cuatro de cada cinco de aquellas personas que en opinión de los doctores "habían perdido la esperanza y se habían resignado a lo peor" poco tiempo después de haber escuchado su diagnóstico, habían muerto.

En otro estudio efectuado en 30 pacientes que sufrían de cáncer del colon o de tumores malignos, se pidió que visualizaran enormes células anticancerígenas, navegando a través del sistema sanguíneo y devorando las células enfermas o el tumor existente. El propósito era cambiar la actitud derrotista y las creencias negativas que muchos de ellos tenían. Los resultados fueron igualmente sorprendentes. Los pacientes que tomaron el curso mostraron un incremento en el número de las células que normalmente protegen el cuerpo contra el crecimiento de tumores malignos.

La buena noticia es que usted puede cambiar su actitud y el efecto negativo que ésta pueda estar ejerciendo sobre su salud física. Empiece por modificar la clase de pensamientos que mantiene en su mente. Sea optimista, su vida puede depender de ello.

Diez consejos para ser feliz

1. Al abrir los ojos por la mañana, dígase a sí mismo: "¡Qué maravilloso es estar con vida! Este día me debe ir mucho mejor que ayer".

2. Nunca se olvide de que usted controla su propia vida. Convénzase: "Yo estoy a cargo de lo que me pasa; yo soy el único responsable".

3. Alégrese cuando se dirija a su trabajo. Siéntase feliz de contar con un empleo en estos tiempos de crisis económica.

4. Aproveche al máximo sus ratos de ocio. No se siente, ni empiece a flojear cuando puede estarse divirtiendo o disfrutando de algún pasatiempo.

5. No se deje agobiar por sus problemas económicos. Para la mayoría de nosotros, que no podemos darnos el lujo de ser extravagantes, sencillamente ahorrar dinero para adquirir un artículo de lujo puede darnos un sentimiento de gran satisfacción.

6. No se compare con los demás, la gente que lo hace tiende a la melancolía.

7. Sea menos crítico. Acepte sus limitaciones y las de sus amigos. Concéntrese en sus habilidades y en las de ellos.

8. Mejore su sentido del humor. No se tome las cosas demasiado en serio, trate de encontrarle el lado humorístico a los momentos de adversidad.

9. Tome su tiempo. No trate de hacer todo a la vez.

10. Sonría más, más a menudo, a más gente.

El tiempo te obsequia un libro en blanco, lo que en él escribas será de tu propia inspiración. De ti depende elegir la tinta brillante y colorida de la dicha, a la gris y opaca del desaliento y la amargura, así como las palabras dulces y hermosas del lenguaje del amorío o del relato tenebroso y destructor del odio.

¿Qué escribirás, amigo, en cada hoja que falta por llenar?

SECRETO 77

SÉ SIEMPRE OPTIMISTA

1. Los optimistas procuran mantener un alto nivel de autoestima, se valoran y **aprovechan lo mejor posible sus talentos personales innatos**.

2. Los optimistas **aceptan a los demás como son**, y no malgastan energías queriendo cambiarlos, sólo influyen en ellos con paciencia y tolerancia.

3. Los optimistas son espirituales, **cultivan una excelente relación con Dios** y tienen en su fe una viva fuente de luz y de esperanza.

4. Los optimistas **disfrutan del aquí y el ahora**, no viajan al pasado con el sentimiento de culpa ni el rencor, ni al futuro con angustia. **Disfrutan con buen humor y con mucho amor**.

5. Los optimistas ven oportunidades en las dificultades, cuentan con la lección que nos ofrecen los errores y **tienen habilidad para aprender de los fracasos**.

6. Los optimistas son entusiastas, **dan la vida por sus sueños** y están convencidos de que la confianza y el compromiso personal obran milagros.

7. Los optimistas son íntegros y de principios sólidos, por eso **disfrutan de paz interior y la irradian y comparten**, aun en medio de problemas y crisis.

8. Los optimistas no se desgastan en la crítica destructiva y ven la envidia como un veneno. **No son espectadores de las crisis, sino protagonistas del cambio**.

9. Los optimistas cuidan sus relaciones interpersonales con esmero, saben trabajar en equipo y **son animosos sembradores de fe, esperanza y alegrías**.

10. Los optimistas también tienen épocas difíciles, pero **no se rin-den** ni se dejan aplastar por su peso, ya que saben que aun la noche más oscura tiene un claro amanecer y que, por encima de las nubes más densas, sigue brillando el sol; que todo túnel, por más largo y oscuro que sea, siempre tendrá otra salida y que todo río siempre tiene dos orillas.

Pronto saldrá la luz, todo lo que pidas,
ten fe de que lo recibirás, y tarde o temprano vendrá
a ti para llenar tu vida de abundancia.

Mensajes para recordar

✓ No admires a los demás por su riqueza, sino por la forma creativa y generosa en que la utilizan.

✓ Recuerda que en el momento preciso que digas "me rindo", alguien más dirá ante la misma situación "qué gran oportunidad".

✓ Recuerda las tres erres: respeto por ti mismo, respeto por los demás, responsabilidad por todos tus actos.

✓ No pases por alto las pequeñas alegrías de la vida, mientras estás buscando las grandes.

✓ No te sorprendas al descubrir que la suerte favorece a los que están preparados.

✓ Da a las personas más de lo que esperan y hazlo con alegría.

✓ Nunca des un regalo si no tiene una bonita envoltura. Si regalas un libro, escribe una pequeña nota por dentro de la cubierta frontal.

✓ No creas que un equipo costoso suplirá la falta de talento o de práctica.

✓ Permite algunas imperfecciones de tus amigos, del mismo modo que lo haces con las tuyas.

✓ Sonríe cuando levantes el teléfono. Quien te llama lo notará en tu tono de voz.

✓ Haz tu tarea y conoce la información, pero recuerda que lo que convence es la pasión.

✓ Haz lo correcto, independientemente de lo que piensan los demás.

✓ Juzga a las personas desde donde ellas están, no desde donde tú estás.

✓ Sé abierto y accesible. La próxima persona que conozcas quizá llegue a ser tu mejor amigo.

✓ A veces la vida te entregará un momento mágico. Saboréalo.

✓ Aprende a ahorrar, aun con el salario más modesto. Si lo haces, tendrás asegurado el éxito financiero.

✓ No confundas la felicidad con la comodidad.

✓ Sé el primero en perdonar.

✓ Adquiere el hábito de leer algo inspirador y alegre exactamente antes de irte a dormir.

✓ Pasa algún tiempo a solas.

✓ Recuerda que a veces la mejor respuesta es el silencio.

✓ No descartes una buena idea simplemente porque no te gusta la fuente de procedencia.

✓ Paga para que un niño pobre pueda asistir a un campamento de verano.

✓ No pierdas tu tiempo esperando inspiración. Empieza y la inspiración te encontrará.

✓ No creas todo lo que escuches, gastes todo lo que tienes o duermas todo lo que quieres.

✓ Sé sincero al decir: "Te amo".

✓ Cuando digas "discúlpame", mira a la persona a los ojos.

✓ Gana sin presumir y pierde sin excusas, habiendo siempre dado lo mejor de ti.

✓ Observa tu actitud, es lo primero que los demás notan en ti.

¿Dónde están
las manos de Dios?

Cuando observo el campo sin arar, cuando las herramientas de labranza están olvidadas, cuando la tierra está quebrada y abandonada me pregunto: ¿dónde estarán las manos de Dios?

Cuando observo la injusticia, la corrupción, el que explota al débil; cuando veo al prepotente pedante enriquecerse del ignorante y del pobre, del obrero y del campesino, carentes de recursos para defender sus derechos, me pregunto: ¿dónde estarán las manos de Dios?

Cuando contemplo a esa anciana olvidada, cuando su mirada es nostalgia y balbucea todavía algunas palabras de amor por el hijo que la abandonó, me pregunto: ¿dónde estarán las manos de Dios?

Cuando veo al moribundo en su agonía llena de dolor; cuando observo a su pareja y a sus hijos deseando no verle sufrir; cuando el sufrimiento es intolerable y su lecho se convierte en un grito de súplica de paz, me pregunto: ¿dónde estarán las manos de Dios?

Cuando miro a ese joven antes fuerte y decidido, ahora embrutecido por la droga y el alcohol, cuando veo titubeante lo que antes era una inteligencia brillante y ahora harapos sin rumbo ni destino me pregunto: ¿dónde estarán las manos de Dios?

Cuando a esa chiquilla que debería soñar en fantasías, la veo arrastrar su existencia y en su rostro se refleja ya el hastío de vivir, y buscando sobrevivir se pinta la boca y se ciñe el vestido y sale a vender su cuerpo, me pregunto: ¿dónde estarán las manos de Dios?

Cuando aquel pequeño a las tres de la madrugada me ofrece su periódico, su miserable cajita de dulces sin vender, cuando lo veo dormir en la puerta de un zaguán titiritando de frío, con unos cuantos periódicos que cubren su frágil cuerpecito, cuando su mirada me reclama una caricia, cuando lo veo sin esperanzas vagar con la única compañía de un perro callejero, me pregunto: ¿dónde estarán las manos de Dios?

Y me enfrento a Él y le pregunto: ¿dónde están tus manos, Señor, para luchar por la justicia, para dar una caricia, un consuelo al abandonado, rescatar a la juventud de las drogas, dar amor y ternura a los olvidados? Después de un largo silencio, escuché su voz que me reclamó: "No te das cuenta de que tú eres mis manos, atrévete a usarlas para lo que fueron hechas: para dar amor y alcanzar estrellas".

Y comprendí que las manos de Dios somos tú y yo, los que tenemos la voluntad, el conocimiento y el valor para luchar por un mundo más humano y justo, aquellos cuyos ideales sean tan altos que no puedan dejar de acudir a la llamada del destino, aquellos que desafiando el dolor, la crítica y la blasfemia se reten a sí mismos para ser las manos de Dios.

Anónimo

Esta edición se imprimió en mayo de 2010, *en Acabados Editoriales Tauro, S.A. de C.V. Margarita No. 84, Col. Los Ángeles, Iztapalapa, C.P. 09360, México, D.F.*